D0988168

JARDINS D'INTÉRIEUR
ET
SERRES DOMESTIQUES

Couverture
- Photo:
  BERNARD PETIT
- Maquette:
  ANDRÉ LALIBERTÉ

La photo de la couverture a été prise au *Centre des Fleurs* à Ste-Dorothée, Laval.

DISTRIBUTEURS EXCLUSIFS:

- Pour le Canada:
  AGENCE DE DISTRIBUTION POPULAIRE INC.*
  955, rue Amherst, Montréal H2L 3K4 (tél.: 514-523-1182)
  *Filiale de Sogides Ltée

- Pour la France et l'Afrique:
  INTER-FORUM
  13, rue de la Glacière, 75013 Paris (tél.: 570-1180)

- Pour la Belgique, la Suisse, le Portugal, les pays de l'Est:
  S.A. VANDER
  Avenue des Volontaires 321, 1150 Bruxelles (tél.: 02-762-0662)

Micheline Lachance

JARDINS D'INTÉRIEUR ET SERRES DOMESTIQUES

LES ÉDITIONS DE L'HOMME *

CANADA: 955, rue Amherst, Montréal H2L 3K4

*Division de Sogides Ltée

La culture en serre au Québec demeure un domaine à explorer. Les ouvrages qui traitent du sujet sont rares.

Grâce aux recherches et aux études réalisées par les agronomes et les producteurs en serre québécois, j'ai pu écrire ce guide de culture en serre domestique.

Je tiens à remercier plus particulièrement certaines personnes dont les travaux et les conseils m'ont été d'un précieux secours dans la rédaction de cet ouvrage.

- *Pierre Godin, avec qui j'ai partagé l'apprentissage de la culture en serre et qui a participé à la réalisation de ce livre.*
- *Philippe Martin, agronome, attaché au ministère de l'Agriculture du Québec.*
- *Jean-Claude LaRougerye, agronome et conseiller horticole de l'Institut de technologie agricole de Saint-Hyacinthe.*
- *Gilles Ledoux, pionnier de la culture en serre industrielle dans la région agricole de Saint-Hyacinthe.*
- *Hassan Chiarra, agronome et professeur à l'Institut de technologie agricole.*

Merci enfin aux Godin, Bélanger, Leclair, Robidoux et Lachance qui n'ont pas craint de se mouiller les pieds et se geler le bout du nez pour nous aider à construire notre première serre.

Table des matières

9

Comment déterminer la texture du sol. Comment améliorer la texture physique. L'amendement chimique du sol. Comment se nourrissent les plantes. Un sol fertile : le support de la plante. Les éléments les plus populaires. Les carences. Les engrais commerciaux. L'addition de matières organiques. L'analyse du sol de serre. Le contrôle du pH. La salinité. Le lessivage. Faites le plan de vos cultures.

Un terreau friable. Des semences en bonne santé. Traitement à l'eau chaude. Attention aux maladies à virus. L'apport des fongicides. Défense de fumer. Les différents contenants.

D'abord, stérilisez vos outils. Quand semer. Comment semer. Soins à donner aux jeunes plantules.

La composition du milieu. Les catégories de milieux artificiels. La culture en hydroponique. La culture sur milieu à base de tourbe, de vermiculite, de sciure de bois ou de balles de paille. Les avantages de la culture en milieu artificiel. Les désavantages.

La tomate. Quand semer. Calendrier de production. Les variétés de fruits. Semis. Fertilisation avant la transplantation. Soins aux jeunes plants. Transplantation. Les températures requises. Quand arroser. Guide de fertilisation pour la tomate de serre du printemps (après la transplantation). La taille d'un plant de tomates. Le tuteurage. La pollinisation quotidienne. Les insectes à combattre. Des tomates malades. La récolte. **Le concombre.** Les types de concombre. Quand semer. Calendrier de production. Les variétés de fruits. Semis. Fertilisation avant la transplantation. Transplantation. Les températures requises. Quand arroser. Guide de fertilisation du concombre de serre. Le tuteurage. La taille d'un plant de concombres. La pollinisation. Les ennemis du concombre. Des concombres qui ne se sentent pas bien. La

11

Avant-propos

A chaque fois qu'il m'a été donné de raconter mon périple à la campagne, j'en ai fait rêver plus d'un.

Oui, j'ai succombé, comme bien des citadins, à la mode du retour à la terre. J'ai rompu avec une vie trop organisée, répétitive, survoltée.

Et puis, j'ai mordu à belles dents dans cette aventure pleine de soleil, d'air pur et de paix. Une vie abritée, comme les serres dans lesquelles mes jours allaient désormais se dérouler. Je suis devenue serricultrice. Et jamais je n'ai regretté ma saison paysanne.

Mais changer de vie, c'est un peu comme changer de mari : tous les moments de la journée sont à repenser. Et force m'est de dire qu'il pleut parfois à la campagne. Que l'humidité nous traverse souvent de bord en bord, que le vent glacial va jusqu'aux os... et qu'il faut quand même vaquer à ses occupations, comme si de rien n'était.

Aussi bien dire tout de suite que la culture en serre est une aventure follement exaltante mais souvent désespérante. Le scénario planifié bien naïvement ne se déroule pas nécessairement comme il a été savamment imaginé. Et le phantasme bucolique qui habite l'esprit des citadins a parfois des allures de mauvais rêve.

Je m'en voudrais de vous laisser partir dans ma foulée sans vous raconter les hauts et les bas de ces quelques années passées à faire pousser des tomates. Bien sûr, vous n'ambitionnez pas comme moi de pratiquer la culture en serre d'une manière professionnelle, ni de vivre des fruits de ce travail. Néanmoins, comme je me suis mis les pieds dans les plats plus souvent qu'à mon tour, j'ai pensé qu'en racontant ainsi mes propres expériences, vous éviteriez peut-être de tomber dans les pièges qui guettent tout serriculteur en herbe.

Tout a commencé un certain matin de printemps. Pierre et moi attendions le départ de l'hiver pour enfin entreprendre nos travaux de construction, au moment même où s'éveille la nature. Seulement voilà. Nos printemps québécois ne sont pas nécessairement conformes à nos souhaits. Ils peuvent bien décider, comme cette année-là, de se manifester sous la forme de pluies diluviennes, de neiges tardives et de temps gris. Nous avons subi, il y a trois ans, des inondations telles que l'eau accumulée sur le site même de notre future serre atteignait facilement deux pieds. J'exagère, dites-vous. Eh bien, demandez aux gens du rang Sarasto si pendant une bonne semaine nous n'avons pas tous circulé en tracteur sur un chemin fermé aux voitures. Une chaloupe, voilà ce qu'il nous aurait fallu !

Nous avons donc dû travailler deux fois plus fort quand l'eau eut enfin disparu. Les corvées familiales se succédèrent. Je revois tout ce beau monde, les deux pieds bien enfoncés dans la boue, se débattant tant bien que mal, brassant le ciment destiné aux fondations, ou encore ajustant les chevrons d'une serre de seconde main que nous avions eu la mauvaise idée d'acheter... pour économiser. Entre nous, il a fallu tout recommencer à zéro. Bien malin qui croyait prendre !

Quand je pense à ce bon monsieur Robidoux, notre voisin plein de bonne volonté, s'apitoyant sur notre sort. "J'ai beaucoup de sympathie pour vous, nous confia-t-il, mais ça n'a pas d'allure. Vous ne construirez jamais une serre de cette façon."

Non, ça n'avait effectivement pas d'allure. Mais on pose parfois des gestes qui n'ont ni rime ni bon sens. Monsieur Robidoux l'a bien compris puisque après avoir boudé le chantier pendant deux jours, il revint, marteau à la main, au troisième jour : "Je n'en pouvais plus, avoua-t-il, de vous regarder par ma fenêtre. Vous vous exténuez, du matin au soir dans ce froid polaire... et puis, euh... vous avez visiblement besoin des conseils d'un bon menuisier !"

Toujours est-il qu'un bon jour, malgré nos avanies, la structure de la serre fut enfin en place. Le polyéthylène était bien tendu, la fournaise répondait aux besoins tandis que le ventilateur attendait son heure pour "souffler".

Nous entrions alors dans notre jardin abrité où allait vivre un monde fascinant, protégé des intempéries et du terrible hiver québécois.

J'allais enfin découvrir l'univers de l'horticulture sous plastique avec sa lumière à profusion, sa verdure tropicale et ses fleurs de mars.

Le simple fait de connaître ce printemps hâtif quand, de l'autre côté du mur de plastique, la nature se libère péniblement du long hiver, efface les difficultés déjà surmontées et... celles encore à venir.

Il ne restait plus qu'à planter nos jolis petits plants de tomates : 600 plants à mettre en terre et à tuteurer en une seule journée. De quoi décourager n'importe quel homme de bonne volonté !

Aussitôt dit, aussitôt fait. Vous dire le mal de dos

que Pierre et moi avons enduré durant les jours suivants ! D'accord, on aurait peut-être pu planifier notre travail d'une façon plus efficace. Mais rappelez-vous que ces jours-là, nous étions des machines à trimer dur. Et, dans ce temps-là, le cerveau a des ratés.

Nos jeunes plants grandirent donc en force et en âge, à notre plus grande satisfaction. Et quand l'agronome se présenta chez nous pour examiner les quelque deux ou trois plants qui nous inspiraient des inquiétudes, c'est toute la serre qu'il jugea. Philippe Martin avait esquissé un sourire narquois en apprenant que "deux niaiseux de la ville" se lançaient dans les tomates de serre. Les faits lui donnaient pourtant raison : "Félicitations ! lanca-t-il, pince-sans-rire, en énumérant devant nous, pauvres impuissants, les innombrables carences dont souffraient la plupart de nos plants. Pour tout dire, nous étions au bord du désespoir.

En bon médecin, l'agronome nous indiqua une série de correctifs, et bientôt, nos plantes reprirent des forces. Notre récolte fut un véritable succès. Contre toute attente, nous avons réussi à écouler toutes nos tomates dans le voisinage. Et puis nous en avons mangé à s'en rendre malade. Fraîches, congelées puis cuites de toutes les façons imaginables, au point d'en faire de l'acidité.

Tout cela pour dire que la culture en serre n'est pas de tout repos. Imaginez encore la scène. Fin mars, deux heures du matin. Un vent fou siffle à s'en fendre l'âme. Et si notre serre allait partir au vent ? En vitesse, nous enfilons des vêtements chauds et nous précipitons dans la serre, juste à temps pour voir sous nos yeux le plastique se déchirer. La brèche fut bientôt rapiécée, au beau milieu de la nuit.

Comment oublier cet autre jour mémorable. C'était

la canicule; le thermomètre indiquait bien 90° F quand l'électricité manqua. La panne dura 18 heures. Privées de ventilation, nos plantes faiblissaient à vue d'oeil, suffoquant littéralement, puis s'affaissant sur le sol, dans ce véritable bain sauna qu'était devenue la serre. Il aurait suffi d'arroser pour rafraîchir l'air brûlant. Oui, mais le système d'arrosage fonctionnait, lui aussi à l'électricité. On s'en est tout de même tirés en découpant ici et là le film de polyéthylène pour activer la circulation de l'air.

Le pire, c'est qu'à chaque fois qu'un incident du genre se présente, on a l'impression que c'est une question de vie ou de mort. La perte sera sûrement totale et tous nos efforts auront été vains. On va, comme ça, du désespoir à l'exaltation la plus complète.

J'ai l'air de n'avoir retenu que mes déboires. Mais non. Aujourd'hui, ils me font presque sourire, ces moments teintés d'inquiétude et de fierté. Mais j'ai pensé qu'à l'heure où la culture en serre passionne de plus en plus de Québécois, pour toutes sortes de raisons tant esthétiques qu'écologiques et économiques, il était grand temps de mettre à la disposition des amateurs un guide de travail.

Cela s'impose car le domaine est jeune et les écrits rarissimes.

L'amateur a besoin de renseignements précis qui l'aideront à choisir sa serre. Il doit aussi connaître les techniques de culture en serre, souvent fort différentes de celles utilisées dans le potager.

Puissent mes trois années d'expérience en aider plus d'un à mener son bateau à bon port.

M.L.
6 février 1978,
Saint-Bernard-de-Michaudville.

Introduction

La serre domestique a toujours été considérée comme un objet de luxe. Pendant longtemps, nous avons dû nous contenter de l'admirer, adossée au mur des maisons cossues, en rêvant de posséder un jour, nous aussi, ce petit coin de tropiques où les plantes et les fleurs poussent en se riant des rigueurs de l'hiver québécois.

Aujourd'hui, notre rêve peut devenir réalité. En effet, on trouve maintenant sur le marché des mini-serres à la portée de toutes les bourses. Enfermés à l'année longue dans une ville où le béton avale impitoyablement les quelques îlots de verdure qui ont survécu à ce jour, les citadins veulent recréer, plus que jamais, un peu de cette campagne dont ils gardent la nostalgie.

Pour faire échec à tous ces maux maintes fois dénoncés de la vie urbaine contemporaine — pollution alarmante, environnement dégradé, qualité de vie déficiente —, pourquoi ne pas rapatrier, tout simplement, un peu de campagne à la ville... en construisant une petite serre dans son jardin ?

A cette préoccupation écologique viennent s'ajouter, aussi, la quête de "vrais légumes" et le goût, hélas perdu, des légumes frais, de plus en plus rares. Les experts nous préviennent depuis belle lurette : nous consommons quotidiennement des fruits et des légumes affreusement pollués parce que cultivés dans des sols eux-mêmes pollués. Pour accélérer la croissance et augmenter le rendement, on gave démesurément ces sols d'additifs chimiques, modifiant ainsi leur équilibre naturel. Or, un champ ne peut multiplier sa récolte à l'infini sans que ses fruits ne s'en ressentent. Qu'à cela ne tienne ! L'industrie pense à tout : les colorants artificiels ont tôt fait de redonner aux fruits et légumes cette apparence de santé que le consommateur recherche. Trop souvent, ce dernier n'y voit que du feu. Et les oiseaux de malheur en sont quittes pour leurs frais ! Mais l'industrie se met le doigt dans l'oeil. Car les gens se laissent de moins en moins berner par les "trucs" de marketing. Quand le goût n'y est pas, peu importe la belle apparence, provoquée artificiellement, du légume. Qui n'est pas las de retrouver, dans son assiette, une tomate fadasse, mûrie de force dans une boîte sombre entre le Mexique et le Québec ? Ou un concombre amer, qui ramollit curieusement ? Ou un maïs blême, sans saveur ? Tous ces légumes ont reçu la potion magique qui les rajeunit miraculeusement, sans pour autant en raviver le goût ni leur redonner les valeurs nutritives qu'ils possédaient jadis.

On s'empoisonne lentement, à petites doses. Plusieurs enquêtes récentes le prouvent. Tant pis pour nous ! L'ère des aliments chimifiés nous enveloppe. Va-t-on se laisser faire ? Allons-nous continuer à payer des prix exorbitants pour des légumes qui n'ont plus de vrais que le nom ? Heureusement, les consommateurs se réveillent un peu partout dans le monde.

Les réactions se multiplient devant cette situation devenue pour plusieurs citoyens tout à fait intolérable. Et l'une d'entre elles, c'est de se dire : cultivons nos propres légumes ! Facile à dire, mais comment y arriver avec notre climat polaire ? C'est comme l'oeuf de Colomb : il fallait y penser. Pourquoi chaque famille ne disposerait-elle pas, en effet, d'une mini-serre qui lui permettrait, durant une période de six mois, de faire pousser légumes et plantes dont elle a besoin pendant l'année ?

En somme, tout concourt à favoriser le développement rapide des serres domestiques. Après tout, qui aurait pensé, il y a à peine dix ans, qu'un banlieusard sur deux profiterait bientôt d'une piscine familiale bien à lui, juste derrière sa maison ? Les piscines, elles aussi, étaient jadis réservées aux gens à l'aise jusqu'au jour où le modèle hors terre, d'installation facile et de prix abordable, fit son apparition.

A l'instar des piscines, les mini-serres poussent comme des champignons. Elles sont appelées à devenir partie intégrante de l'univers familial, tant en banlieue qu'à la ville. Elles se dressent dans un coin de la cour arrière, juste à côté du potager, sur le toit du garage, adossées au flanc sud de la remise ou au mur de la maison. On a même conçu des serres minuscules que l'on installe sans difficulté sur le balcon. Ainsi, les fabricants n'ont pas oublié "Balconville"...

Les serres domestiques usinées ou fabriquées de manière plus ou moins artisanale par tout bricoleur habile peuvent répondre aux désirs et aux besoins de chacun. Le jardinier amateur peut désormais produire ses légumes et ses fleurs hors saison; il fait pousser ses plantes d'intérieur dans des conditions idéales en plus de "partir" ses plants de choux, concombres, tomates, laitues, etc., qui seront ensuite transplantés en pleine terre dans le potager, au début de juin, avec un bon mois d'avance sur les légumes de jardin. Certains prolongent leur saison de culture tard l'automne. Enfin, les plus audacieux peuvent même faire pousser fleurs et légumes l'hiver.

En serre, comme ailleurs, la bonne volonté ne suffit pas. Pour tirer le maximum de plaisir de votre "potager abrité", il vous faudra connaître et respecter un certain nombre de règles relatives à la localisation et à la construction de la serre d'abord, et aux soins à apporter aux plants cultivés ensuite.

Le jardinier amateur devra en outre observer les principes qui garantissent le succès des serriculteurs professionnels. Dans ces pages, j'ai tenté d'adapter ces conditions à la culture en serre résidentielle, moins exigeante, certes, mais tout aussi précise que la culture professionnelle.

PREMIERE PARTIE:

COMMENT CHOISIR SA SERRE

Il existe sur le marché québécois une dizaine de modèles de serres familiales usinées. Comment arrêter son choix ? Vous aimez particulièrement une mini-serre en appentis. Seulement voilà, le seul mur de la maison qui pourrait accueillir votre serre n'est pas à l'abri des vents dominants. Comble de malchance, ce mur regarde le nord, sans soleil, d'où vient le froid ! Vous optez alors pour une serre qui sera installée dans la cour arrière. Le soleil y plombe toute la journée mais, oh malheur ! le sol est bas et l'eau s'y accumule après chaque pluie. Que faire ? Et si vous la construisiez vous-même, cette petite serre de vos rêves ? Existe-t-il des plans ?

C'est précisément ce dont il sera question dans les chapitres qui suivent. Vous y apprendrez comment choisir votre serre en tenant compte de l'espace dont vous disposez. Où l'acheter ? Combien coûte-t-elle ? Comment l'orienter par rapport aux vents dominants ? Peut-on la chauffer à bon compte ? Comment s'y prendre pour lui assurer une ventilation adéquate ?

Les réponses à ces questions dépendent essentiellement de vos moyens physiques et matériels mais aussi de ce que vous attendez de votre serre.

DETERMINEZ D'ABORD LA VOCATION
DE VOTRE SERRE

A quoi servira votre serre ? Voilà ce qu'il importe de déterminer avant de poursuivre vos recherches.

— Vous désirez une pièce additionnelle qui prolongera votre maison. Peuplée de feuillage, de verdure et de fleurs, cette mini-serre deviendra vite un solarium, une pièce de séjour où il fait bon rêver, se détendre ou lire. Dans ce cas, il n'y a pas d'hésitation possible : choisissez une serre adossée au mur de la maison. Elle s'érigera sur le patio, sur le toit du garage, ou sur la galerie. Vous y aurez accès de la maison.

Le marché québécois offre une dizaine de modèles de serre préfabriquée dont la vocation se concilie à vos exigences. De dimensions plutôt réduites, ces serres domestiques sont en verre et s'harmonisent joliment avec tous les styles de maison. On a même imaginé des serres qui servent aussi de dômes ou d'abris de piscines.

— Vous voulez plutôt un véritable potager abrité qui vous fournira des légumes frais durant six mois de l'année. Alors là, vous cherchez une serre aux dimensions plus imposantes. En verre, elles coûtent extrêmement cher. Pourquoi ne pas examiner différents modèles de serre ou d'abri en polyéthylène, également disponibles sur le marché. Une autre solution s'offre à vous : construisez vous-même votre serre domestique, à partir d'un plan précis.

1. Les différents types de serre

Actuellement, les fabricants offrent différents types de structure de serre, chacun ayant ses avantages et ses désavantages. Néanmoins, les structures de serre qui fournissent les meilleurs rendements rencontrent des exigences bien précises. Ainsi, elles permettent une excellente pénétration de la lumière. On peut les chauffer et les ventiler sans difficulté. Elles sont suffisamment spacieuses pour que le jardinier ne soit pas gêné dans son travail. Et enfin, on peut les recouvrir de polyéthylène sans être obligé de modifier sérieusement leur charpente à chaque fois qu'il faut répéter l'opération.

En plus de posséder toutes ces qualités, la serre que vous choisirez devra avoir une belle apparence. Sa ligne sera harmonieuse et sa mine soignée. Voici le schéma des trois principaux types de structure que l'on peut soit acheter du manufacturier, soit construire soi-même.

– STRUCTURE AVEC MURS VERTICAUX ET CADRES RIGIDES

Avantages :
— construction facile;
— cadres rigides préfabriqués en bois, acier et aluminium disponibles;
— revêtement intérieur et extérieur facile à installer.

Inconvénient :
— nécessite une attention particulière à la fondation.

– STRUCTURE DE FORME SEMI-CIRCULAIRE, A CHEVRONS ARQUES

Avantages :
— arches préfabriquées disponibles;
— très peu d'ombrage.

Inconvénients :
— hauteur des plants limitée près des murs;
— revêtement intérieur difficile à installer;
— possibilité d'accumulation de neige sur le toit.

– STRUCTURE DE FORME GOTHIQUE, A CHEVRONS ARQUES

Avantages :
— arches préfabriquées disponibles;
— excellent volume d'air dans le pignon pour faire un bon mélange.

Inconvénient :
— plus grandes pertes de chaleur.

2. Localisation et orientation de la serre

L'EMPLACEMENT IDEAL

Avant d'arrêter son choix définitif sur un modèle de serre, il importe de déterminer l'emplacement idéal. La serre est un abri capricieux. Elle donnera des fruits dans la mesure où l'on respectera ses exigences et les humeurs de ses habitants, les plantes. Trois facteurs principaux entrent en ligne de compte : le soleil, les vents et l'élévation du terrain. Ne les négligez pas car il pourrait vous en cuire !

ATTENTION AUX VENTS DOMINANTS

En premier lieu, il faut *choisir un emplacement ensoleillé*. La serre doit capter tous les rayons de soleil de la journée. Donc, le sud-ouest est tout indiqué. Votre serre doit tourner le dos au nord où les radiations solaires sont inexistantes.

Quelle orientation lui donner ? L'orientation est-ouest favorise la pénétration d'une plus grande quantité de lumière tandis que l'orientation nord-sud assure une distribution plus uniforme de la lumière. A vrai dire, le facteur déterminant est plutôt la position de la serre par rapport aux vents dominants : *l'extrémité de la serre doit faire face aux grands vents.* Ainsi, la surface exposée est beaucoup moindre que si les vents sont reçus latéralement et des économies de chauffage sont réalisées. Naturellement, plus la serre est longue, plus ces remarques deviennent importantes.

UN TERRAIN ELEVE ET PLAT

Parlons maintenant du terrain. La serre doit être construite sur un terrain élevé et plat. De grâce, évitez les bas-fonds et les endroits où il y a risque d'accumulation d'eau à la fonte des neiges, ou à la suite de pluies diluviennes. Pas plus que nous, la serre n'aime avoir les pieds dans l'eau ! Surtout au printemps quand celle-ci est glaciale. Le site idéal, un plateau élevé de deux pieds, permettra l'évacuation facile de l'eau par sa pente naturelle.

Cette mise en garde s'adresse aussi bien aux jardiniers qui cultiveront en pleine terre, dans leur serre, qu'à ceux qui ont l'intention de travailler sur des tables. Dans le premier cas, les plants plongés dans un sol humide et froid souffriront d'asphyxie. Dans le second cas, c'est vous qui déplorerez la situation : vous n'apprécierez guère les longues heures passées à travailler dans l'eau glaciale du printemps.

Comme on le voit ici, la serre est construite sur un sol élevé. Chaque chevron est cloué à un piquet de bois qui est lui-même ancré au sol dans un trou de béton. Les vents les plus furieux n'arriveront pas à soulever cette charpente... jusqu'à preuve du contraire !

LES SERVICES ESSENTIELS

Votre serre doit être facile d'accès. Pour s'y rendre, prévoyez donc un chemin qui s'entretiendra sans difficulté. L'approvisionnement en électricité et en eau ne doit pas présenter de complications non plus. Vous songez peut-être à alimenter votre serre en eau grâce à un boyau d'arrosage vissé au robinet à l'extérieur de la maison. N'oubliez pas que si le boyau court à l'air libre, l'eau gèlera certains jours plus froids du printemps. Si votre serre nécessite un grand volume d'eau, prévoyez une conduite souterraine, sans quoi vous devrez transporter l'eau de la maison.

LES ARBRES :
DES RISQUES OU DES BRISE-VENT ?

Une serre construite très près des arbres, remises ou garages recevra peut-être trop d'ombre. En outre, elle risque d'être endommagée par les branches d'arbres emportées par le vent.

Si vous disposez d'un grand terrain, les arbres plantés à quelque 50 pieds de la serre joueront le rôle de brise-vent. Mais attention, on ne peut pas planter n'importe quel arbre. Chez les conifères, on recommande fortement de planter l'épinette de Norvège. Les peupliers de Lombardie sont également de bons protecteurs. Il faut les planter à 50 pieds de la serre et à 8 pieds de distance les uns des autres.

Mais jamais, au grand jamais, ne doit-on planter des peupliers de la Caroline : ils demandent trop d'eau et leurs branches sont extrêmement cassantes.

En banlieue ou au coeur de la ville, le problème ne se pose pas. Vous êtes entourés d'arbres naturels, difficiles à déplacer. A vous d'utiliser votre jugement dans le choix de l'emplacement.

Il est préférable de planter ces arbres au printemps, entre le 15 avril et le 15 mai, ou à l'automne entre le 15 août et le 15 septembre.

Un dernier conseil avant de passer à l'achat : achetez un modèle que vous pourrez agrandir sans difficulté, si vous le désirez. Naturellement, choisissez un emplacement qui permettra l'agrandissement éventuel. Vous ne seriez pas le premier amateur de légumes frais à avoir besoin d'espace !

3. Le revêtement : plastique, fibre de verre ou verre ?

Je ne saurais trop répéter l'importance qu'il vous faut accorder au revêtement de votre serre. Là encore, vous devez peser le pour et le contre avant d'arrêter votre choix sur le recouvrement qui répondra le mieux à vos attentes.

Les manufacturiers proposent trois revêtements : le polyéthylène, la fibre de verre et le verre.

LA SERRE DE PLASTIQUE : A LA PORTEE DE TOUTES LES BOURSES

La serre de plastique coûte à l'achat 25 p. 100 moins cher que la serre de verre. Cela explique pourquoi bon nombre de serriculteurs professionnels la choisissent. Au Québec, 90 p. 100 des légumes de serre sont produits sous plastique.

L'une des raisons qui justifient ce choix est l'économie de chauffage. Etant plus hermétique, particulièrement lorsqu'elle est recouverte de deux films de polyéthylène, la serre de plastique permet une économie de chauffage de l'ordre de 35 à 40 p. 100. Soulignons aussi que la serre de plastique résiste mieux à la grêle que celle de verre.

Mais la serre de polyéthylène comporte aussi des inconvénients. Ayant souvent été construite avec des matériaux moins coûteux, elle se déprécie plus rapidement. Elle demande plus d'entretien et la pose annuelle du plastique devient vite fastidieuse. En outre, la serre de plastique favorise un surcroît d'humidité qui, plus souvent qu'autrement, crée un milieu propice aux maladies. De tous les revêtements, le plastique est le plus vulnérable aux dommages causés par le vent et les objets pointus. Heureusement, les réparations sont faciles à effectuer. Il existe un ruban adhésif spécialement conçu pour le plastique de serre. En un tour de main, on rapièce les déchirures.

Si tant de gens optent pour le plastique, c'est qu'il constitue malgré tout un revêtement sûr, flexible et peu dispendieux. La plupart des compagnies ont mis sur le marché un film spécialement fabriqué pour les serres. Contrairement aux autres, il ne se détériore pas sous l'effet des rayons ultraviolets du soleil. *Exigez toujours un polyéthylène spécialement traité pour les serres.*

UN OU DEUX PLASTIQUES ?

Notre climat nous réserve souvent des surprises fort désagréables au coeur même du printemps. Les serriculteurs amateurs qui décident de faire une culture hâtive — début mars — doivent prendre la précaution de recouvrir leur serre de deux films de polyéthylène de façon à créer une couche isolante entre ces deux films. L'épaisseur du polyéthylène du dessus sera de 6 millimètres tandis que celle de celui du dessous sera de 4 millimètres. Les jardiniers qui se mettent en branle au mois

Ne défiez pas le vent : c'est l'ennemi du polyéthylène. Profitez d'une journée calme pour poser le revêtement. A la faveur de la moindre brise, le plastique s'envole... et vous avec !

d'avril ne risquent rien en utilisant un seul plastique à la condition qu'il ait une épaisseur de 6 millimètres.

Gare au polyéthylène européen matelassé "de longue durée" qui, affirme-t-on, dure de 24 à 30 mois. Les expériences réalisées jusqu'ici chez nous sont concluantes. Il appert que notre climat rigoureux en réduit sensiblement la durée. Il a tendance à se briser au froid.

POUR POSER LE PLASTIQUE, ATTENDEZ UNE JOURNEE SANS VENT

Les serres fabriquées commercialement seront livrées à domicile avec leur polyéthylène. On vous remettra alors un manuel d'instructions qui vous aidera à poser le plastique sans peine.

Si vous avez construit votre serre vous-même à partir d'un plan, attendez une journée sans vent pour poser le plastique. Cela simplifie le travail.

Roulez la nappe de polyéthylène dans le sens de la largeur et placez ensuite le rouleau au début de la serre. Vous le déroulerez sur la structure au fur et à mesure qu'il sera taqué. Pour ce faire, retenez le plastique prisonnier à chaque arche ou chevron en clouant sur le colombage une mince latte de bois (1" x 2"). Faites de même aux extrémités. Sur les côtés, prévoyez un ou deux pieds de polyéthylène que vous enfouirez dans la terre pour bien retenir la nappe. Ainsi, le vent aura moins de prise.

UNE MEILLEURE ISOLATION
GRACE AU 2e POLYETHYLENE

Voyons maintenant comment procéder pour poser un second film de polyéthylène de manière à assurer une meilleure isolation de la serre et, par conséquent, à réduire le coût du chauffage. Il existe trois méthodes de pose.

1. Un 2e film posé à l'extérieur

Une fois le premier film (de 4 millimètres) posé tel qu'expliqué plus haut, déroulez le second film de la même manière. Clouez-le à chaque chevron au moyen d'une latte plus mince. Assurez-vous que le polyéthylène est bien tendu de façon à maintenir un espace de deux pouces entre les deux films. Vous avez alors une chambre à air isolante.

2.   Un 2e film posé à l'intérieur

On procède encore tel qu'indiqué pour poser le premier film de polyéthylène. Mais cette fois, le second film est cloué à la charpente par l'intérieur. Il n'est pas nécessaire de le fixer à l'aide de lattes de bois. On peut très bien le retenir par des agrafes ou des crampes car il ne risque pas de déchirer par la force du vent. Pour réussir à bien tendre le polyéthylène par l'intérieur, il est plus facile de le couper en sections et de fixer chaque section séparément.

3.   La serre soufflée à l'aide d'un petit compresseur

Les deux films sont posés en même temps. Inutile de les fixer à chaque chevron : il suffit de retenir le polyéthylène au bas de la charpente, au sommet et aux extrémités. A l'aide d'un petit compresseur, l'air est introduit sous pression entre les deux films. Le film supérieur est soulevé de la structure et le film inférieur est forcé vers l'intérieur sur les chevrons. Il se forme un gros coussin d'air. L'équipement nécessaire pour faire fonctionner cette soufflerie coûte environ $100. Cette technique rend le travail plus facile et assure une meilleure isolation car l'espace entre les deux plastiques est plus considérable. Naturellement, la dépense n'est justifiée que si les dimensions de votre serre sont suffisamment imposantes.

LA FIBRE DE VERRE : BONNE POUR 10 A 20 ANS

Les serriculteurs professionnels optent de plus en plus pour la serre de fibre de verre au détriment de celle en verre.

On achète les panneaux de fibre de verre ondulés ou plats. Ce matériau est aussi dispendieux que le verre : il faut compter environ 43 cents le pied carré. Règle générale, la fibre de verre dure de 10 à 20 ans. Après sept ans, il faut toutefois appliquer une couche d'acrylique sur la surface exposée qui s'use au fil des années.

La fibre de verre transmet l'énergie solaire un peu moins efficacement que le verre mais, par contre, la lumière qui la traverse est mieux dispersée dans la serre, ce dont profitent les plants. On a noté, par exemple, que les oeillets cultivés sous fibre de verre donnent de meilleurs résultats que sous le verre.

La fibre de verre transmet 26 p. 100 moins de chaleur que le verre. C'est pourquoi, en été, la chaleur est plus facile à contrôler dans une serre en fibre de verre. Quant aux dangers de bris, si inquiétants avec les serres en verre, ils sont pratiquement nuls avec la fibre de verre.

FIBRE DE VERRE OU POLYETHYLENE ?

En dernier ressort, c'est votre porte-monnaie qui choisira entre la serre de fibre de verre (ou de verre) et celle en polyéthylène. L'énergie solaire captée par la fibre de verre est comparable à celle captée par le polyéthylène. La fibre de verre est plus dispendieuse mais elle dure vingt ans. Au cours de ces mêmes vingt années, vous devrez changer de polyéthylène vingt fois. Faites le calcul.

Supposons que votre serre mesure 100 pieds carrés. Calculons grossièrement ce qu'il en coûtera de la recouvrir de deux films de polyéthylène :

1 film de 4 millimètres à .02 1/4 le pied carré :	$2.25
1 film de 6 millimètres à .04 1/2 le pied carré :	$4.50
Total	$6.75

Voyons maintenant combien coûtera une couverture de fibre de verre pour la même serre :

les panneaux de fibre de verre reviennent à 0.43 le pied carré	$43.00

Si effectivement votre fibre de verre dure une vingtaine d'années, il ne vous en coûtera donc que $43 pour assurer à votre serre une couverture solide et efficace. Pendant cette même période, votre recouvrement de polyéthylène vous coûtera environ $135.

L'achat de fibre de verre est tout indiqué si votre serre est petite et si vous êtes sûr que la structure durera 20 ans. En revanche, si votre serre est plus spacieuse et si sa charpente est de bois, optez plutôt pour le polyéthylène. Sur une serre de 1 000 pieds carrés (soit 50' x 20'), le plastique coûtera $67.50 tandis qu'un recouvrement en fibre de verre ira chercher dans les $430. Réfléchissez bien !

LE POLYVINYLE

Au hasard de vos recherches, on vous parlera sans doute du polyvinyle ou P.V.C. Ce matériel n'est pas recommandé pour la culture en serre. En peu de temps, il perd sa transparence et prend une couleur blanchâtre qui empêche la pénétration de la lumière. Evitez-le.

LES SERRES DE VERRE EN PERTE DE VITESSE

Pour tout dire, les serres en verre paraissent en perte de vitesse. Le coût du verre ayant monté en flèche au cours de la dernière décennie, les serriculteurs amateurs ou professionnels, intéressés à cultiver sur une surface plus étendue, se tournent maintenant vers le plastique.

Cependant, les particuliers qui jumellent leur serre à la maison préfèrent, encore aujourd'hui, le verre, plus transparent et plus esthétique. Mais naturellement, nous avons alors affaire à des serres minuscules. Elles sont généralement de type modulaire de sorte qu'on peut les agrandir à volonté en ajoutant un module de temps en temps. On réduit le montant à payer dans un premier temps. Et d'année en année, la serre s'agrandit... quand le porte-feuille le permet !

LA POSE DU VERRE

Chaque manufacturier livre sa serre avec un feuillet d'explications concernant la pose du revêtement. La technique moderne a vraiment simplifié le montage du verre. A titre d'exemple voici comment on procède pour poser les vitres sur la structure de la serre Alouette, l'un des modèles que vous trouverez dans le guide d'achat. (Voir les photos explicatives sur la page ci-contre.)

Installer la moulure du faîte.

Clouer temporairement les moulures latérales

Fixer le solin.

Disposer les garnitures de caoutchouc autour des vitres.

Soulever légèrement la moulure du faîte.

Pousser la vitre bien à fond.

Visser la moulure sur un côté seulement.

Installer les vitres latérales de la même manière.

Fixer deux taquets par vitre (latérale seulement).

4. Si vous construisez vous-même votre serre

Certains parmi vous se sentent l'âme d'un bricoleur. Vous préférez construire votre serre vous-même. Ce n'est pas une mauvaise idée car vous pouvez ainsi réaliser des économies. Et si vous avez la bosse du design, peut-être arriverez-vous à fabriquer un modèle à votre goût mais qui n'existe pas sur le marché.

Deux solutions s'offrent alors au menuisier amateur. La première consiste à construire sa serre selon un plan précis, avec des matériaux neufs. C'est assurément la solution qui présente les meilleurs gages de réussite.

L'autre choix qui s'offre est plus économique mais combien risqué ! Il s'agit de trouver une structure d'occasion chez un vendeur d'équipement de seconde main ou par le biais des petites annonces dans les journaux.

LA SERRE D'OCCASION

Si vous dénichez une structure d'occasion en acier, n'hésitez pas. L'acier ne se détériore pas avec les années, comme c'est le cas du bois. Le gel ne l'abîme pas non plus. Vous n'aurez qu'à déboulonner la structure chez l'ancien propriétaire et à rassembler les pièces les unes aux autres chez vous.

Si la charpente qui vous intéresse est de bois, soyez très vigilant. Il s'agit certes d'une solution fort économique mais plus hasardeuse.

Nous avons repéré notre première serre chez un cultivateur du Richelieu qui venait d'abandonner la culture des légumes pour se lancer dans l'élevage du boeuf. En croyant bien faire, nous venions de multiplier à l'infini les problèmes à venir. Il a d'abord fallu mettre la structure en pièces, classer et numéroter le bois, arracher tous les clous puis transporter les matériaux chez nous. Les véritables complications sont survenues lors de la reconstruction. Plusieurs pièces de bois avaient pourri ou s'étaient déformées avec le temps. Il a fallu les remplacer; parfois nos réparations suscitaient de nouvelles réparations...

A moins que vous ne soyez un menuisier doué, il vaut mieux éviter ce genre d'aventure qui demande du temps et de l'énergie. Celui qui décide d'utiliser des fenêtres de récupération (anciens châssis doubles) pour construire sa serre rencontrera des difficultés similaires. Là encore, il vaut mieux partir à zéro.

Les serres d'occasion dont la charpente est en acier sont rares. Si vous avez la chance d'en repérer une, achetez-la sans hésiter. Car le prochain client ne ratera sûrement pas l'occasion que vous auriez laissé passer.

LES REGLES A SUIVRE

On ne saurait trop répéter l'importance de construire selon un plan précis. Vous regretterez toute initiative audacieuse de même que le travail effectué à la va-comme-je-te-pousse. Gardez plutôt en tête les règles suivantes :

— *Utilisez du bois de bonne qualité, séché à point.* Le bois humide (bois vert) peut se tordre et occasionne des dommages aux revêtements rigides. Le bois au contact du sol doit être en cèdre, de préférence. Pour assurer sa durabilité, traitez-le préalablement avec un préservatif.

47

- *L'espacement des chevrons ne doit pas excéder 48 pouces.* Naturellement, plus les chevrons sont rapprochés, moins grande est la pénétration de la lumière. Il en résulte en outre une augmentation du coût total des matériaux.
- *La pente du toit sera d'au moins 35⁰.* Cela permet à la neige de glisser et à la condensation intérieure de s'écouler en gouttelettes.
- *Les portes seront suffisamment larges* pour permettre le passage de l'équipement. Elles assurent aussi une partie de la ventilation.
- Pour protéger le bois, vous devrez *peinturer toutes les pièces de la charpente* avec de la peinture latex, blanche ou aluminium. Il en résultera plus de lumière et une apparence soignée.

Les arches que vous voyez là font partie d'une charpente de serre, achetée chez un fermier qui a abandonné la culture maraîchère. Aussi bien dire qu'il a fallu recommencer à zéro : on a démoli toutes les pièces, on les a numérotées, transportées, pour finalement reconstruire le tout.

PLAN DETAILLE D'UNE SERRE FAMILIALE

Le ministère de l'Agriculture du Québec a dessiné un modèle de serre familiale que vous pouvez construire vous-même sans difficulté.

Cette mini-serre mesure 10 pieds par 12 pieds (3 m par 3,65 m). Elle est recouverte de polyéthylène. La direction générale du Génie, division des constructions rurales, qui a réalisé ce plan, nous a remis la liste des matériaux nécessaires à la construction de cette petite serre.

Où se procurer ce plan

Pour obtenir une copie de ce plan, écrivez au ministère de l'Agriculture, direction générale du Génie, division des constructions rurales, 200 Chemin Sainte-Foy, Québec. Tél. : 418-643-2673.

Le polyéthylène qui recouvre cette serre familiale doit être de type U.V. et avoir une épaisseur de 0.004''.

Le ministère de l'Agriculture prévient le futur propriétaire de cette serre qu'il ne faut pas laisser accumuler de neige sur le toit de polyéthylène. Il suggère en outre d'utiliser du naphénate de zinc comme préservatif pour imprégner les poteaux de 4'' 4''.

La base de la serre sera construite à un pied du sol afin de permettre de remblayer pour l'égouttement de l'eau à la fonte des neiges. Recouvrez de terre le bas des feuilles de polyéthylène à l'extérieur et à l'intérieur pour les retenir.

LISTE DES MATERIAUX

Description	Dimensions	Nombre
Béton V.C.	2 500	1
Poteaux imprégnés de préservatif	4" x 4" x 8'	9
Soles et sablières	2" x 4" x 12'	10
Blocs d'appui	1" x 4" x 16'	1
Colombages	2" x 4" x 12'	3
Chevrons	2" x 4" x 12'	5
Entraits	1" x 4" x 4'	5
Faîtières	1" x 4" x 12'	1
Baguettes de fixation du plastique	1" x 2" x 12'	12
Baguettes de fixation du plastique	3/8" x 2" x 12'	12
Arrêts de porte	1/2" x 1" x 10'	2
Porte	3' x 7'	1
Polyéthylène (une rangée) de type U.V.	12' x 100'	1

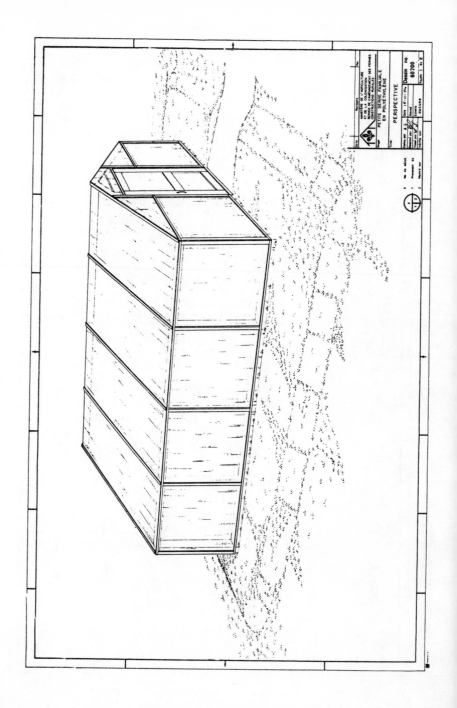

Numéro

MINISTÈRE DE L'AGRICULTURE
ET DE LA COLONISATION
SERVICE DE L'AMÉNAGEMENT DES FERMES
RÉPARTITIONS RURALES

PETITE SERRE FAMILIALE
EN POLYÉTHYLÈNE

PERSPECTIVE

Dessin no
60700

Date 15-10-74

Feuille 1 de 2

PLAN DE CONSTRUCTION

PETITE SERRE FAMILIALE EN POLYÉTHYLÈNE

LISTE DE MATÉRIAUX

DESCRIPTION	DIMENSIONS	NOMBRE
BÉTON V.C.	2500 #	1
POTEAUX IMPRÉGNÉS DE	4" x 4" x 16'-0"	6
SOLES ET SABLIÈRES	2" x 4" x 16'-0"	10
BLOCS D'APPUI	4" x 4" x 16'-0"	3
COLOMBAGES	2" x 4" x 16'-0"	4
CHEVRONS	2" x 4" x 16'-0"	8
FAÎTIÈRE	1" x 4" x 16'-0"	1
BAGUETTES DE FIXATION DU PLASTIQUE	1" x 2" x 12'-0"	12
ARRÊT DE PORTE	3/8" x 2" x 12'-0"	2
PORTE	3'-0" x 7'-0"	1
POLYÉTHYLÈNE TYPE U.V.	(L-RANGÉE DE 100'-0") 0.004"	1

NOTE

1) ON NE LAISSERA PAS ACCUMULER DE NEIGE SUR CETTE SERRE.

2) REMBLAI POUR RETENIR LE BAS DES FEUILLES DE POLYÉTHYLÈNE EXTÉRIEUR ET INTÉRIEUR.

3) UTILISER DU NAPHTÉNATE DE ZINC COMME PRÉSERVATIF POUR IMPRÉGNER LES POTEAUX DE 4" x 4".

4) LE POLYÉTHYLÈNE SERA DE TYPE "U.V." ET 0.004" D'ÉPAISSEUR.

5) LA BASSE DE LA SERRE SERA CONSTRUITE À 10" DU SOL AFIN DE PERMETTRE DE REMBLAYER POUR L'ÉCOULEMENT DE L'EAU À LA FONTE DE LA NEIGE.

ÉLÉVATION VUE DE CÔTÉ

ÉLÉVATION BOUT GAUCHE

PLAN

DÉTAILS DE CONSTRUCTION

60700

MINISTÈRE DE L'AGRICULTURE
DIRECTION GÉNÉRALE DU GÉNIE
CONSTRUCTIONS RURALES

UNE SERRE FACILE A CONSTRUIRE :
LA MINI-GOTHIQUE

Cette mini-serre gothique a pignon sur un petit rang de Saint-Damase, le long de la rivière Yamaska. Monsieur Marc Beauregard a déniché le plan de cette petite serre dans un magazine américain dont il a oublié le nom, il y a une dizaine d'années. Après avoir adapté ce plan à ses besoins, il a construit sa mini-serre, tout près de sa maison. A chaque année, il prépare maintenant tous les plants de son potager dans ce minuscule abri transparent.

De forme gothique, cette mini-serre mesure 10' x 5'. Elle est ancrée au sol à l'aide de piquets, enfoncés dans la terre à deux pieds de profondeur. Elle n'a pas de plancher. Son recouvrement est de polyéthylène (une seule couche).

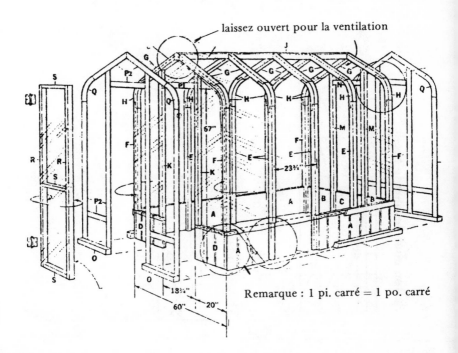

laissez ouvert pour la ventilation

Remarque : 1 pi. carré = 1 po. carré

Patron pour dessiner le coude

Détail du poteau d'angle

Détail d'un montant type

Détail du faîtage (1) et du cadre (2)

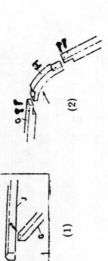

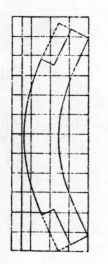

LES MATERIAUX

Description	Dimensions	Nombre
Panneau de contre-plaqué en cèdre rouge (*redwood*)	5/8" x 4' x 8'	1
Bois : cèdre rouge, ou s'il s'agit de pin ou d'épinette, traitez avec un préservatif et peinturez avant l'assemblage	2" x 4" x 10'	1
	2" x 3" x 8'	1
	2" x 2" x 8'	15
	2" x 2" x 6'	2
	1" x 2" x 9'	1
	1" x 2" x 8'	1
	1/4" x 1 1/2" x 8'	11
	1/4" x 3 1/2" x 4'	1
Vis à bois nᵒ 12 à tête plate	1 1/2"	
	2 1/2"	
Colle à l'épreuve de l'eau	10' x 25'	
Feuille de polyéthylène 0,006 m	5/16" et 9/16"	1
Crampes	2"	
Charnières		2

INSTRUCTIONS POUR LA COUPE DU BOIS

1) *Découpez, avec une scie à main ou électrique*, sept (7) pièces de 13 1/2" de largeur dans le contre-plaqué de 4' x 8'. Découpez ces pièces en plaçant votre panneau dans le sens de la largeur (4'). Les longueurs de ces morceaux doivent être les suivantes : 4 pièces de 47 1/2" (A); 2 pièces de 19 1/4" (B); 1 pièce de 20 1/2" (C); et 2 de 20" (D).

2) Avec chacune de vos pièces de 2" x 2" x 8', vous devez *faire un poteau et un chevron*. Coupez d'abord six poteaux de 57 3/4" (E). Pratiquez une entaille de 13 1/2" de long par 5/8" de profondeur à l'une des extrémités de chacun des six poteaux; à l'autre bout, mais sur la face opposée, pratiquez une autre entaille de 2" de long par 7/8" de profondeur.

3) Prenez 4 autres pièces de 2" x 2" x 8' que vous couperez à 57 3/4" pour *faire vos 4 poteaux de coin*. A l'une des extrémités, faites sur deux côtés adjacents une entaille de 13 1/2" de long par 5/8" de profondeur. Sur la face intérieure de l'autre bout (partie supérieure de poteau), pratiquez une autre entaille qui aura cette fois 2" de long par 7/8" de profondeur.

4) *Découpage des chevrons* : utilisez les morceaux de 2" x 2" x 8' qui n'ont pas été utilisés pour fabriquer vos poteaux pour construire vos 10 chevrons, qui auront une longueur de 28" (G). Coupez l'une des extrémités de chacun des chevrons à angle de 40º afin que ceux-ci s'ajustent bien sur le faîte. A l'autre extrémité, vous pratiquerez sur la face intérieure une entaille de 2" de long par 7/8" de profondeur.

5) Sectionnez votre pièce de 2 x 4 en morceaux de 12" de longueur. *Dessinez dans l'un de ces morceaux un coude* (H) (voir patron pour dessiner le coude) qui servira à relier le chevron au poteau de la charpente. Servez-vous de ce modèle pour tailler les dix coudes nécessaires. Sur la face extérieure du coude, et à ses deux extrémités, faites une entaille de 2" de long par 5/8" de profondeur. Ces coudes doivent être bien sablés.

6) La pièce de 2" x 3" x 8' servira de *pièce de faîtage* (J). Coupez-la à 95" de long. Taillez-la en biseau à un angle de 40º.

7) Avec des pièces de 2" x 2", *fabriquez deux traverses* de 18 1/4" de longueur; l'une, le linteau, ira au-dessus de la porte (P1) et l'autre (N) sur la dernière arche afin d'assurer la ventilation. La porte sera constituée de deux montants de 66 1/2" de long (R) et de trois traverses (S) de 17" de long, que vous taillerez dans vos pièces de 1" x 2".

8. *Conservez le reste du bois*, vous en aurez besoin lors de l'assemblage de votre serre.

METHODE DE MONTAGE

Etape préliminaire :

Choisissez un site égal et légèrement élevé afin de permettre l'écoulement des eaux. Aucune fondation n'est requise. Une fois que la serre sera montée, pour bien la tenir en place, enfoncez dans le sol, aux angles intérieurs, des piquets que vous riverez à l'aide de vis à bois solides aux poteaux de coin. Afin d'assurer la solidité de votre serre, utilisez des vis et non des clous pour tenir ensemble les différentes pièces de la charpente que vous aurez préalablement collées.

Deuxième étape :

Sur le sol, attachez ensemble à l'aide de vis les bases latérales (A) aux poteaux de côté (E) et de coin (F). Assurez-vous que les montants sont bien à angle droit; pour cela, servez-vous d'un niveau (fig. 1). Ensuite, attachez les coudes (H) aux poteaux, puis les chevrons (G). Reliez alors vos arches à la pièce de faîtage (J) à l'aide de vis de 2 1/2". Voir détails. Une fois votre côté assemblé, montez-le en position. Avec un niveau, vérifiez afin que tout soit à angle droit. Faites de même avec l'autre côté de la serre. Puis rassemblez-la à la pièce de faîtage (J) en vous assurant que la charpente est bien à angle droit.

Troisième étape :

Attachez les pièces (B) de la base arrière aux poteaux d'angle (F). Mettez temporairement en place les montants (M) en les centrant sur les bouts des pièces de la base (B). A l'aide du niveau, déterminez sur le chevron la place exacte du montant (M), et fixez-le définitivement sur le chevron et sur la base (M) après

avoir tracé sur sa partie inférieure une entaille de 13 1/2"
de longueur par 5/8" de profondeur. Ensuite, prenez
la pièce (C) de la base et attachez-la aux montants (M).
Il ne vous reste plus alors qu'à mettre en place la traverse (N) à environ 2" en bas de la partie supérieure
des montants (M).

Quatrième étape :
    Pour installer le devant de la serre, procédez com-
me pour l'arrière. Attachez aux poteaux de coin les
pièces (D) de la base avant. Mettez en place les montants (K) qui formeront le cadre de la porte en les en-
lignant sur le panneau (D). A l'aide du niveau, déterminez la place exacte du montant (K) sur le chevron
(G) puis coupez-le à l'angle désiré. A la partie inférieure
du montant, faites une entaille de 13 1/2" de longueur
par 5/8" de profondeur puis attachez-le au panneau (D)
et au chevron. Ensuite, placez le linteau (P1) à 67" du
sol. Vous n'avez alors qu'à fixer la porte à sa place.

Cinquième étape :
    La mise en place du revêtement ne pose aucun pro-
blème particulier. Après avoir déroulé votre nappe de
polyéthylène (de préférence par une journée sans vent),
vous l'étendez sur la charpente en la retenant en place
avec des lattes de bois de 1" x 1".

UNE SERRE EXPERIMENTEE A FORT-CHIMO

    Voici une petite serre construite et expérimentée à
Fort-Chimo, à l'extrême nord du Québec. Large de 12
pieds, elle s'allonge à volonté, les chevrons étant espacés
de 20 à 24 pouces les uns des autres.
    Il en coûte bien peu pour construire cette mini-

serre puisqu'on utilise presque exclusivement du contre-plaqué. La charpente des murs latéraux est faite de morceaux de 2" x 4" de bois de cèdre ou tout autre bois commun, qu'on recouvre à l'intérieur comme à l'extérieur de contre-plaqué de 1/4 de pouce. On assure ainsi un coussin d'air dans les murs latéraux dont la hauteur varie de 2 à 4 pieds.

Les chevrons sont faits de 3 épaisseurs de contre-plaqué d'épinette de 3/8 de pouce, collées avec une colle hydrofuge. Pour fabriquer ces chevrons, placez une feuille de contre-plaqué à plat sur le plancher et, à l'aide d'un compas improvisé (un clou enfoncé dans le plancher comme point central, un fil métallique de 6 pieds de longueur comme rayon et un crayon à l'extrémité du fil), tracez un arc le long de la partie la plus longue de la feuille. Le point central, bien entendu, sera placé à quelque distance de la feuille de contre-plaqué. Ensuite, éloignez encore le point central de 2 1/4 pouces à partir de la feuille et tracez un arc parallèle au premier. Au moyen d'une scie sauteuse électrique, ou d'une égoïne à dents fines, découpez en suivant les traces de crayon de façon à obtenir un arc d'au moins 2 pouces de largeur. Servez-vous de ce modèle pour marquer et découper dans la feuille de contre-plaqué les morceaux à laminer qui serviront à faire les chevrons.

Pour faire deux chevrons, il faut un peu plus d'une feuille de 4 pieds par 8 pieds.

Disposez les arcs sur le plancher; réunissez-les trois par trois au moyen d'une colle hydrofuge; rivez les clous. Ces chevrons ont alors 1 1/8 pouce d'épaisseur et 2 pouces de largeur; ils forment un demi-cercle complet ayant 6 pieds de rayon. Frottez-les ensuite avec un papier sablé afin de faire disparaître les rugosités des angles qui pourraient déchirer le plastique.

Cette petite serre a été conçue à l'intention des jardiniers des pays froids. Le ministère de l'Agriculture du Canada, division de l'information, à Ottawa, en publie le plan dans sa brochure intitulée *Manuel des jardiniers du Nord*.

La serre a 12 pieds de largeur. Les extrémités des chevrons doivent être encochées pour les asseoir sur les murs latéraux. On les fixe à ces murs avec des vis à bois. Au sommet, posez une faîtière de 2" x 3" avec des encoches d'un pouce de profondeur pour recevoir les chevrons. Ces chevrons sont espacés de 20 à 24 pouces, centre à centre, selon la largeur du film de polyéthylène qui recouvrira la serre. Ajoutez au besoin des entremises et des supports. A l'aide de lattes minces, fixez le plastique à l'extérieur. Les portes peuvent être installées à l'une ou l'autre extrémité : munissez-les de panneaux mobiles afin de permettre une ventilation.

Pour isoler complètement cette serre, on conseille de la recouvrir de deux couches de plastique.

UN MODELE DE SERRE CONÇU AU MANITOBA

La serre en plastique du ministère canadien de l'Agriculture peut servir d'abri temporaire de récolte ou de serre permanente. Le modèle, conçu par Gérard H. Gubbels, directeur de la recherche au Manitoba, est facile à assembler et peu coûteux à construire.

Large de 15'4" et haute de 7'6", la serre est formée de sections de 5' boulonnées l'une à l'autre. On peut donc obtenir une serre de la longueur désirée. Comme elle s'assemble rapidement, on peut la déplacer d'année en année de manière à assurer une rotation de cultures.

Vous pouvez obtenir tous les renseignements nécessaires à la construction de cette serre en écrivant au ministère de l'Agriculture, Ottawa, Canada. Demandez qu'on vous envoie la brochure intitulée *Construction d'une serre en plastique*.

Mise en place d'une section.

Chaque section est boulonnée à sa voisine à l'aide d'entretoises.

Pour chaque section de 5'

10 morceaux	de bois de 2" x 2" x 12'
2 morceaux	de bois de 1" x 3" x 12'
10 morceaux	de bois de 3/8" x 3/4" x 12'
24 pieds linéaires x 6' de film plastique	
9	pentures fortes de 4" galvanisées, avec vis galvanisées
4	boulons galvanisés de 6" x 1/4", avec écrous et rondelles de 5/12"
1 livre	clous à boîte enduits de 1 1/2"

Préservatif à bois et peinture

Pour les pignons

12 morceaux	de bois de 2" x 2" x 12'
2 morceaux	de bois de 2" x 3" x 16'
12 morceaux	de bois de 3/8" x 3/4" x 12'
2 morceaux	de bois de 1" x 3" x 12'
40 pieds linéaires x 6' de film plastique	
7	charnières ordinaires fortes, de 3", galvanisées, avec vis galvanisées
1	verrou de barrière ou de porte de grange
8	boulons galvanisés de 5" x 1/4" avec écrous et rondelles de 5/16"
1 livre	clous à boîte enduits de 1 1/2"
4 (2 ensembles)	entrebâilleurs pour contre-fenêtre avec poignée
2	targettes

Préservatif à bois et peinture

Note : N'importe quel bois mou fera l'affaire.

PLAN DE CONSTRUCTION

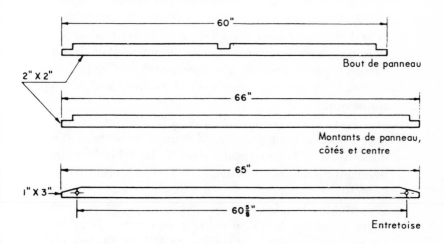

60"

Bout de panneau

2" X 2"

66"

Montants de panneau,
côtés et centre

1" X 3"

65"

60 5/8"

Entretoise

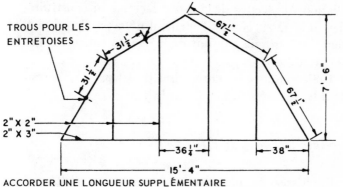

TROUS POUR LES
ENTRETOISES

31 1/2"

31 1/2"

67 1/2"

67 1/2"

7'-6"

2" X 2"
2" X 3"

36 1/4"

38"

15'-4"

Pignon

ACCORDER UNE LONGUEUR SUPPLÉMENTAIRE
POUR LES JOINTS À MI-BOIS

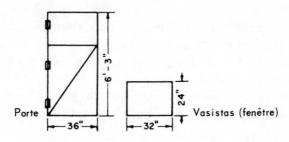

Porte

6'-3"

36"

Vasistas (fenêtre)

24"

32"

Taillez le bois tel qu'indiqué sur le plan. Assemblez les pièces de bois à l'aide de clous à boîte enduits, pour former un joint à mi-bois solide. On peut appliquer un préservatif sur les pièces de bois. Mais il faut s'assurer que le produit n'endommagera pas les plants. Enduisez ensuite la charpente d'une peinture blanche ou aluminium.

Pour assembler une section, articulez quatre panneaux bout à bout à l'aide de 9 fortes pentures galvanisées de 4". Percez ensuite dans les planches latérales de chaque section les trous qui serviront à recevoir les boulons.

Montez les pignons. Dans celui de la façade, aménagez un cadre de 36" par 75" pour soutenir la porte. On peut aussi prévoir un vasistas de 24" par 32" pour la ventilation. Procédez de la même façon pour construire le pignon arrière. Naturellement, il n'y a pas de porte à l'arrière mais installez-y tout de même un vasistas comme à l'avant.

Taillez ensuite les entretoises de 1" par 3", en respectant les mesures suggérées sur le plan.

LA POSE DU POLYETHYLENE

Choisissez un plastique résistant qui ne s'altérera pas trop rapidement aux rayons ultraviolets du soleil vif.

Pliez en deux une section complète de quatre panneaux et placez-la sur l'établi. A l'aide de blocs de bois de 16" de long, soulevez et soutenez la charnière réunissant les deux panneaux de la demi-section. Cela aidera à donner au plastique le jeu nécessaire pour s'adapter à l'angle formé par la section une fois en place.

Recouvrez la demi-section de feuilles de plastique larges de 6' en laissant un rebord de 6'' au bas et sur les côtés. Fixez à l'aide de crampons le plastique à la planche de base puis clouez par-dessus une latte de bois.

Recouvrez séparément les pignons, les vasistas et la porte. Procédez un jour où la température est modérée. S'il fait trop froid, le plastique risque de se dilater par temps chaud et de devenir flasque. S'il fait trop chaud, il se contractera et se déchirera à l'arrivée du froid.

MISE EN PLACE DE LA SERRE

Dépliez une section et boulonnez-la à l'un des pignons à l'aide de 4 boulons galvanisés de 5" x 1/4" avec écrous-papillons et rondelles galvanisées. Ces mêmes boulons serviront à fixer une entretoise simple aux coins intérieurs du pignon. Réunissez ensuite les sections avec six boulons galvanisés et boulonnez enfin l'autre pignon à la dernière section. Avant d'attacher une section à l'autre, repliez et cramponnez les deux rebords de plastique de 6" le long du bord interne des montants pour obtenir une jointure hermétique entre les sections.

Choisissez votre emplacement et creusez légèrement sur son pourtour. Enfoncez au dedans et au dehors de la serre des piquets d'ancrage de 2" x 2" au point de contact entre les sections ainsi qu'au centre des pignons. Pour empêcher les grands vents d'endommager la serre, clouez les sections aux piquets.

Fixez les vasistas et la porte à l'aide de fortes charnières galvanisées de 3". Le vasistas est articulé par le haut de manière à pouvoir s'ouvrir vers l'extérieur. De chaque côté du vasistas, installez un entrebâilleur de contrechâssis pour le maintenir à l'ouverture désirée.

5. La serre solaire: solution de demain?

Le monde actuel fait face à une rareté grandissante des sources d'énergie conventionnelles. On ne le sait que trop : il en coûte de plus en plus cher pour chauffer sa maison à l'huile, au gaz ou à l'électricité. Cette montée vertigineuse des coûts de chauffage atteint aussi les serres. C'est, du reste, le dilemme premier des serriculteurs professionnels.

Les chercheurs ont tenté de mettre au point une serre qui, à l'instar de la maison de l'avenir, aura recours au soleil comme source d'énergie principale.

Au Québec, le département de phytotechnie de l'Université Laval a pris l'initiative des travaux devant mener à la conception d'une serre solaire adaptée à nos conditions climatiques. En collaboration avec l'Institut de recherches Brace de l'Université McGill à Montréal, les chercheurs de l'Université Laval ont mis au point la serre Brace.

Dans un premier temps, ces spécialistes ont cherché à limiter la surface extérieure de la serre exposée aux intempéries, aux vents violents et glaciaux, afin de minimiser les pertes de chaleur excessives. Mais ce faisant, il fallait éviter de réduire la radiation lumineuse solaire qui déclenche les réactions de photosynthèse, processus par lequel les plantes assimilent les éléments nutritifs.

Comme très peu de radiations solaires proviennent du nord, les surfaces de la serre conventionnelle, exposées au nord, ne contribuent pas de façon significative à l'ensoleillement de l'habitat. Par contre, elles engendrent des pertes de chaleur considérables.

LA FORMULE BRACE

Comment réduire ces pertes de chaleur sans entraver l'action du soleil ? La serre solaire y parvient en proposant une nouvelle configuration de l'habitat : la totalité du mur nord de la serre, aligné sur un axe est-ouest, est isolée et la surface intérieure est recouverte d'un matériel réfléchissant. Comme la surface intérieure du mur nord est réfléchissante, la radiation solaire incidente est réfléchie sur les plantes. Enfin, ce mur nord devient un excellent brise-vent.

Les inclinaisons du mur nord isolé et du mur sud transparent ont été optimisées. La surface transparente a été réduite au minimum pour éviter toute perte de chaleur. A l'aide d'ordinateur, on a évalué l'inclinaison des murs nord et sud.

POUR EMMAGASINER LA CHALEUR

La structure de la serre solaire tend donc à diminuer les pertes de chaleur et à accentuer l'effet des rayons solaires. Mais cela ne suffit pas à chauffer la serre solaire. Les spécialistes mettent au point diverses techniques qui permettront d'emmagasiner la chaleur recueillie les jours d'ensoleillement; ces réserves de cha-

La serre Brace, telle qu'on l'a construite à la Polyvalente Hyacin-the-Delorme à Saint-Hyacinthe.

leur réchaufferont ensuite la serre durant la nuit et les jours nuageux.

Chaque serre sera équipée de panneaux solaires qui réchaufferont l'air et l'eau nécessaires à la serre. On installera en outre des collecteurs solaires auxiliaires. Les auvents seront contrôlés automatiquement.

Le sol stockera, lui aussi, la chaleur avec le concours de pierres, d'eau et de divers contenants. Il y aura, sous culture, une circulation d'air chaud ou d'eau chaude.

En guise d'apport énergétique d'appoint, on songe à utiliser les matières organiques décomposées.

LA SERRE DE DEMAIN... AUJOURD'HUI

La serre de demain prépare l'homme à l'autosuffisance. La structure solaire que l'on imagine facilement à la campagne ou en banlieue a son pendant à la ville. On envisage actuellement des serres conçues selon le même principe solaire mais construites sur les toits des maisons et édifices de ville. Ces serres utiliseront l'énergie perdue du toit, de même que 30 p. 100 de celle qui passe par la cheminée du système de chauffage conventionnel.

Mais pour le moment, si la structure solaire vous intéresse, construisez-la en prévoyant un chauffage d'appoint moins futuriste que ceux que je viens de mentionner. Il faudra plutôt installer un chauffage à l'huile ou à l'électricité qui complétera l'action du soleil. Vous réaliserez tout de même une économie de chauffage par rapport aux autres modèles de serre qui ne bénéficient pas de l'action réfléchissante du soleil.

UN ABRI QUI CONVIENT A NOTRE CLIMAT

La serre Brace, dont la description détaillée suit, a été imaginée en tenant compte du climat québécois. D'autres recherches ont été effectuées en Europe et aux Etats-Unis, ce qui a permis la conception d'une foule de modèles de serres solaires, adaptés aux goûts, aux exigences climatiques et aux besoins de chacun.

Si la question vous intéresse, consultez le livre intitulé *Solar greenhouse*, publié au Nouveau-Mexique et vendu dans la plupart des librairies anglophones. Ce livre contient une foule de renseignements et de plans de construction.

Présenté à la rencontre annuelle 1974
de la SOCIETE CANADIENNE DE GENIE RURAL
l'Université Laval, 4-8 août, Ste-Foy, Québec

T.A. Law and R. Alward, B. Saulnier, F. Brunet
Institut de recherches Brace, Collège de l'Université McGill
Ste-Anne-de-Bellevue
Québec, Canada, H9X 3M1

et

J.L. Lussier
Département de phytotechnie
Faculté des Sciences de l'Agriculture
et de l'Alimentation
Université Laval
Québec, Canada

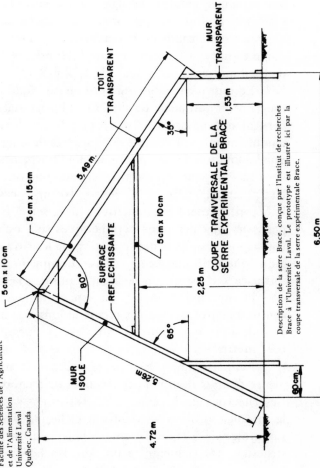

COUPE TRANVERSALE DE LA
SERRE EXPERIMENTALE BRACE

Description de la serre Brace, conçue par l'Institut de recherches
Brace à l'Université Laval. Le prototype est illustré ici par la
coupe transversale de la serre expérimentale Brace.

DESCRIPTION DE LA SERRE BRACE

La serre Brace est orientée de façon à ce que son axe principal, celui de la ligne du toit, suive la direction est-ouest. Le toit transparent est toujours exposé au sud.

Les dimensions de la charpente de la serre se lisent comme suit : la longueur est de 6,10 mètres, la largeur, de 6,50 mètres et la hauteur, de 4,72 mètres.

Le mur incliné du côté nord mesure 5,26 mètres de longueur et son angle est de 65º à l'horizontale. Le mur vertical sud mesure 1,53 mètres tandis que le mur transparent incliné sud compte 5,50 mètres de longueur avec une inclinaison de 35º par rapport à l'horizontale.

La charpente est essentiellement construite en bois. Des piliers de cèdre de 10 cm par 10 cm, encastrés dans le béton, forment les fondations de la serre. Ils sont répartis le long des murs périphériques sud, est et ouest. On dispose les piliers des fondations le long du mur nord à quelque 0,60 mètres de la base du mur intérieur de la serre, ce qui assure un meilleur support à la partie élevée du mur à l'intérieur. Un espace de 1,22 mètres, centre à centre, sépare ces piliers le long des murs nord et sud, alors que pour les murs est et ouest, il est de 0,97 mètre.

Pour assembler les chevrons, on doit utiliser des pièces de bois de 5 cm par 10 cm et de 5 cm par 15 cm. Les chevrons de 5 cm x 15 cm traversent sans support la distance entre le faîte du toit et le mur vertical sud. Le faîtage de 5 cm x 10 cm, en bois, court le long de la structure. De la même façon, les attaches horizontales pour chaque chevron sont faites d'un morceau de bois de 5 cm x 10 cm, situé à 2,5 mètres au-dessus du sol dans la serre. Les angles des arches sont renforcés par des goussets en contre-plaqué.

échangeur
de chaleur

chaleur du toit

chaleur de la maison

A la ville, la serre solaire sera construite sur les toits des édifices.

Pour isoler le mur nord, on assemble en superposition trois feuilles de massonite, polystyrène et massonite à nouveau.

Le panneau de massonite du dessus est recouvert d'une couche de papier aluminium goudronné dont la partie réfléchissante est exposée à l'extérieur. Le panneau intérieur en massonite est également recouvert de ce matériel mais la surface réfléchissante fait face à l'intérieur de la serre afin de réfléchir la radiation solaire incidente sur les plans dans la serre.

Le matériel transparent qui recouvre le toit incliné vers le sud ainsi que le mur vertical sud est composé d'un double film de polyéthylène transparent, résistant aux rayons ultraviolets. Chaque film a 0,106 mm d'épaisseur. Pour assurer l'écart entre les deux films, on doit fixer des pièces de bois de 5 cm x 5 cm. Pour obtenir une étanchéité totale du mur nord incliné, une des deux feuilles transparentes passe par-dessus le faîtage et est attachée à la base du mur incliné. Une seule feuille de fibre de verre transparente et rigide recouvre les murs latéraux de la serre.

6. Guide d'achat de la serre usinée

La plupart des compagnies qui mettent sur le marché des serres domestiques construisent également des serres commerciales. Ces manufacturiers ont conçu leurs mini-serres selon les mêmes principes que ceux qui prévalent en serriculture professionnelle (voir pages suivantes).

Les serres fabriquées industriellement vous arriveront en pièces détachées, numérotées, prêtes à assembler. Vous devrez suivre scrupuleusement la méthode de montage et les instructions du fabricant. Tout changement décidé à l'aveuglette risque de rompre l'équilibre de la construction et le rendement de la serre s'en ressentira inévitablement. Plusieurs manufacturiers offrent le service d'installation à domicile moyennant des frais supplémentaires.

Voici la liste la plus complète possible des serres domestiques que l'on trouve actuellement sur le marché. A chaque année, de nouveaux modèles viennent s'ajouter, plus pratiques, plus économiques, plus esthétiques. A vous de choisir.

Inutile d'ajouter que les prix mentionnés dans ce chapitre fluctuent suivant les années.

L'ALOUETTE, D'ALLURE FUTURISTE

Fabriquée au Québec par :
Les Serres Alouette Enrg.
Route rurale 1
Piedmont, Québec, J0R 1K0
Distribuée par :
J. Labonté
560 Chemin Chambly
Longueuil, Québec, J4H 3L8
Tél. : 514-651-6000

W.H. Perron & cie ltée
515 boul. Labelle
Ville-de-Laval, Québec, H7V 2T3
Tél. : 514-332-3610

En vente aussi chez les pépiniéristes de Québec, Sherbrooke, Drummondville, Sainte-Julie, Sainte-Agathe et Châteauguay.

LA SERRE ALOUETTE

Forme

D'allure futuriste, la serre Alouette possède des murs inclinés, ce qui favorise une pénétration optimum de lumière. Des sections de 30 pouces peuvent s'ajouter à la structure initiale.

Structure et revêtement

La charpente est en bois (cèdre rouge), peinte en blanc ou en noyer. Une moulure de vinyle recouvre tout l'extérieur. Les vitres sont longues et inclinées légèrement.

Fondations

Elles ne sont pas incluses à l'achat. Ce modèle est particulièrement intéressant pour ceux qui veulent installer leur serre sur une galerie, un toit de garage ou de remise. Dans ce cas, consultez un menuisier qui vous expliquera comment assurer sa solidité. Si vous installez l'Alouette au sol, assurez-vous que ses fondations sont au moins à 30 pouces au-dessus du niveau du sol car son vitrage descend jusqu'à terre.

Chauffage et ventilation

La serre Alouette n'a pas de panneau ventilateur manuel ou de lucarnes. Le ventilateur automatique est compris dans le prix d'achat. Le chauffage électrique ou au gaz propane est tout indiqué.

Mode d'installation

Le fabricant fournit un plan de construction détaillé incluant photographies et croquis.

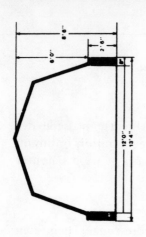

Les différents modèles

Modèle régulier : pleine grandeur

Longueur	Largeur	Hauteur	Prix
7'6"	12'	8'6"	$1 450
10'	"	"	$1 800
12'6"	"	"	$2 150
15'	"	"	$2 500
17'6"	"	"	$2 800
20'	"	"	$3 100
22'	"	"	$3 350
25'	"	"	$3 600

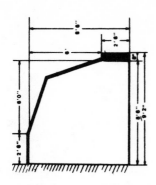

La demi-grandeur (modèle d'appui)

appentis-complet

Longueur	Largeur	Hauteur	Prix
7'6"	8'6"	8'6"	$1 000
10'	"	"	$1 250
12'6"	"	"	$1 500
15'	"	"	$1 700
17'6"	"	"	$1 900
20'	"	"	$2 050
22'	"	"	$2 200
25'	"	"	$2 300

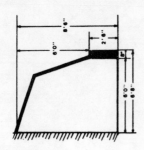

semi-appentis

Longueur	Largeur	Hauteur	Prix
7'6"	6'	8'6"	$ 725
10'	"	"	$ 900
12'6"	"	"	$1 075
15'	"	"	$1 250
17'6'	"	"	$1 400
20'	"	"	$1 550
22'	"	"	$1 675
25'	"	"	$1 800

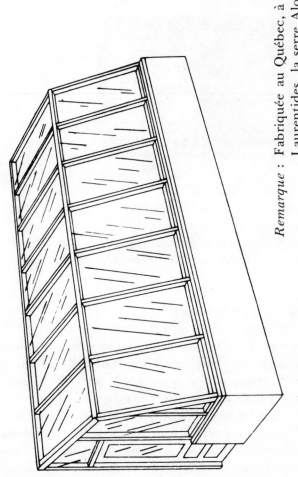

Remarque : Fabriquée au Québec, à Piedmont dans les Laurentides, la serre Alouette a été pensée en fonction des rigueurs de notre hiver.

LA SERRE-TENTE C.B.I.

Produite et distribuée par :
C.B.I. Inc.
21, Montcalm
Lévis, Québec, G6V 6N6
C.P. 55
Tél. : 418-837-8863

LA SERRE-TENTE C.B.I.

Forme

Structure à murs verticaux et toit à pignon. Les trois modèles disponibles ressemblent à une tente transparente.

Structure et revêtement

Structure en acier tubulaire facile à installer. Les tubes ont 1 pouce de diamètre. La structure comprend des supports pour tables qui forment des barres de solidification, ce qui permet à la serre de résister aux vents violents et aux chutes de neige abondantes.

Le revêtement en vinyle résistant n'a pas été fabriqué pour être utilisé à l'année longue. Il pourrait se casser en hiver, durant les froids excessifs. On conseille même d'enlever ce revêtement durant la saison froide.

A la demande de ses clients, la compagnie offre maintenant un recouvrement économique en polyéthylène de serre (4 mm) traité pour résister aux rayons solaires et au froid excessif. Si on ne cultive pas l'hiver, on peut laisser le polyéthylène sur la serre et l'utiliser comme remise.

Fondations

La base de bois et l'ancrage sont inclus à l'achat. La serre C.B.I. est ancrée au sol grâce à quatre piquets, enfoncés dans le sol. Ces piquets sont ensuite cloués à la base de bois de la serre. Si cette petite serre est installée sur un patio de ciment, en tuile ou en brique, il est préférable d'utiliser des vis spéciales pour le ciment, avec boulon d'expansion en plomb.

Chauffage et ventilation

Pour chauffer cette mini-serre, il suffit d'installer une ou deux petites chaufferettes électriques à air forcé d'environ 1 500 à 2 000 watts. Si les ouvertures naturelles ne suffisent pas à assurer la ventilation adéquate dans les journées chaudes, il faudra acheter un petit ventilateur électrique d'environ 400 à 500 pieds cubes d'air par minute.

Remarques : Même si la serre C.B.I. paraît plus fragile que la plupart des autres mini-serres, ceux qui l'ont expérimentée la trouvent étonnamment résistante, surtout lorsqu'elle est revêtue de polyéthylène. Autre avantage, son installation est complétée en un tour de main. Cette petite serre a été conçue pour cultiver sur des tables ou des tablettes.

Mode d'installation

L'ensemble démontable est livré dans un emballage compact. L'installation ne pose aucun problème.

On joint d'abord les madriers sur le sol afin de déterminer un carré ou un rectangle de la dimension de la serre. Puis on cloue les tuyaux de base aux quatre coins, comme l'indiquent les photos. Insérez ensuite les arches dans les tuyaux de base.

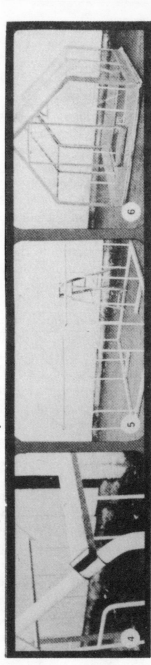

On doit ensuite fixer les lattes de bois sur le toit en se servant de crochets. Il ne reste plus qu'à placer le recouvrement en vinyle sur la structure et à insérer les lattes de bois dans les fourreaux au bas de la toile.

Les différents modèles

Le modèle d'appui

Modèles	Longueur	Largeur	Prix
LT 85	8'	5'	de $259 à $219

Les modèles réguliers			Recouvrement en vinyle	Polyéthylène
FS 88	8'	8'	$329	$229
			Vinyle	Polyéthylène
FS 812	8'	12'	$399	$279
FS 816	8'	16'	$479	$339

BELLE COMME L'EDEN

Distribuée par :
Les Serres Eden
C.P. 1024
Waterloo, Québec, JOE 2NO
Tél. : 514-539-0691

LA SERRE EDEN

Forme

De conception modulaire, modèles indépendants et adossés. Le module de base mesure 3,16 mètres de large par 3,77 mètres de long. La serre Eden s'allonge selon les besoins de chacun. On ajoute une ou plusieurs extensions que l'on peut séparer par une porte et ainsi isoler les sections que l'on ne veut pas chauffer tout de suite. Des trous sont déjà forés dans la serre de base; pour agrandir, il suffit de boulonner l'extension.

Structure et revêtement

Construite en aluminium et recouverte de verres encastrés dans l'armature d'aluminium. Son vitrage recouvre la serre jusqu'au bas. Les vitres reposent sur un joint de plastique et sont fixées au moyen de clips en acier inoxydable. Toutes ces serres sont également disponibles en revêtement acrylique clair, double épaisseur et incassable (en option).

Fondations

La serre Eden peut reposer tout simplement sur une base en brique ou en ciment. La compagnie fabrique une basé en acier laminé que l'on assemble au moyen de boulons. Cette base n'est pas comprise à l'achat.

Chauffage et ventilation

On recommande l'usage d'une chaufferette électrique. Pour assurer la ventilation, une lucarne, que l'on installe sur le toit, est livrée standard avec chaque serre. On peut acheter une ouverture automatique de lucarne qui maintiendra la température requise de la serre sans qu'il faille s'en occuper. L'aérateur louvre, installé sur le côté, assure la ventilation au niveau des plants.

Remarques : Son revêtement d'aluminium la garantit contre la rouille, le pourrissement et les déformations dues au gel.

Elle est munie d'une double porte coulissante qui glisse sur des roulettes de nylon, et ménage un passage suffisant pour l'équipement.

Idéale pour la culture sur table.

La compagnie s'occupe aussi de faire les plans, de soumettre les demandes de permis de construction municipaux, et fait l'installation sur demande.

L'Eden 10-M, construite en aluminium et recouverte de vitres.

Voici l'Eden 10-M, pour jardinier ambitieux ou semi-professionnel. Elle est construite en aluminium et recouverte de verres encastrés dans une armature en aluminium. Elle est munie de canaux de condensation, de lucarnes et de volets d'aération.

Dimensions et prix

Longueur	Largeur	Prix
12'	10'	$1 599
18'	10'	$2 252

Note : Chaque extension de 6 pieds coûte $659.

Eden fabrique aussi des serres plus modestes, pour jardiniers amateurs.

Modèles	Longueur	Largeur	Prix
68	2,55 mètres	1,92 mètre	$799
88	2,55 mètres	2,55 mètres	$999

(Ces modèles comprennent une porte coulissante et une lucarne, deux dans le cas du modèle 88.)

812	3,79 mètres	2,55 mètres	$1 399

(Ce modèle comprend une porte coulissante, deux lucarnes, des gouttières et un aérateur latéral.)

La serre Eden, en appentis.

L'Eden adossée s'appuie contre un mur de maison ou de garage, à condition qu'il soit bien exposé à la lumière. Lorsqu'on l'installe sur le côté de la maison correspondant à la pente du toit, il est nécessaire de construire un petit toit plat entre la serre et la maison afin d'éviter les chutes de glace. Naturellement, cette serre peut être élargie sur demande. Placée devant une des portes de la maison, cette mini-serre se transforme bientôt en véranda, jardin d'hiver ou solarium. La serre adossée est assurément la plus populaire. De plus en plus de gens l'installent sur la galerie, comme on le voit sur notre photo.

Modèle	Longueur	Largeur	Prix
68	2,55 mètres	1,91 mètre	$899

(Ce modèle comprend une gouttière, un aérateur et une lucarne.)

Modèle	Longueur	Largeur	Prix
612	3,78 mètres	1,91 mètre	$1 099

(Ce modèle comprend une gouttière, deux aérateurs latéraux et une lucarne.)

LES SERRES ECONOMIQUES... ET BIZARRES

Conçues et fabriquées au Québec
4428, Wilson
Montréal, Québec, H4A 2V2
Tél. : 514-486-0921

LES SERRES ECONOMIQUES

Forme

Modèle de serre à angles conçu par l'architecte québécois Claude Martel. Tous les angles ont été imaginés de façon à assurer un ensoleillement maximum. Cette petite serre qui porte bien son nom, puisqu'on peut se la procurer pour moins de $500, intéressera particulièrement les jardiniers qui veulent récolter leurs légumes un peu avant l'arrivée de ceux qui poussent dans le potager.

Structure et recouvrement

La serre est recouverte d'un matériau plastique de .005 pouce d'épaisseur qui transmet 75% de la lumière. A l'intérieur du matériau, un espace d'air scellé assure une meilleure isolation et permet l'utilisation de la serre à l'année longue. Ce matériau plastique a été stabilisé contre les rayons ultraviolets et est résistant au froid. En tout, la serre pèse 60 livres et le modèle est pliable sur une épaisseur de 8 pouces.

Fondations

Cette serre ne requiert aucune fondation, ni structure additionnelle à l'intérieur. Elle est autoportante. Le concepteur n'a prévu aucun plancher mais l'on peut facilement en fabriquer un soi-même.

Chauffage et ventilation

Le modèle comprend une grille de ventilation de chaque côté de la porte. Mais le système de chauffage doit être acheté en sus. Comme la serre est minuscule, une petite chaufferette électrique de type domestique fera aussi bien l'affaire.

Dimensions et prix

Longueur	Largeur	Hauteur	Prix
8'	8'	6'6"	$450

Chaque section additionnelle de 2'10" x 8' coûte $100. Le fabricant consent des prix spéciaux selon la quantité de sections additionnelles désirée.

Mode d'installation

Préassemblée à 80%, la serre économique est facile et légère à mettre en place. Comme elle ne requiert aucune fondation, elle est transportable sans difficulté. Si on ne tient pas à cultiver en hiver, on peut la ranger jusqu'à la saison suivante.

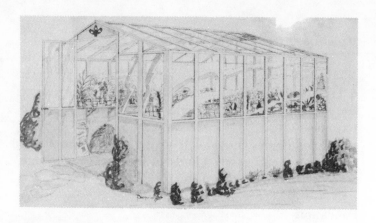

DE JOLIETTE, LA HARNOIS

Fabriquée et distribuée par :	Saint-Thomas, Joliette
Le Centre agricole Harnois inc.	Québec, J0K 3L0
80, des Erables	Tél. : 514-759-4700

LA SERRE HARNOIS

Forme

Structure à murs verticaux, toit à pignon (à pente douce). Composée de 6 panneaux démontables.

Structure et recouvrement

La charpente est en cèdre traité. Elle est recouverte de vitres doubles dont les joints sont scellés au mono. Le bas de la serre est isolé au styrofoam d'un pouce d'épaisseur.

Fondations

Les fondations ne sont pas incluses dans l'achat de la serre Harnois. La maison a préparé toutefois un plan de radier adapté aux dimensions et aux exigences de cette mini-serre.

Chauffage et ventilation

La maison suggère l'achat, en sus, d'un ventilateur. qui coûte environ $65.

Elle vend en outre une fournaise de 10 000 BTU électrique avec ventilateur pour environ $55. Comme la serre mesure 8' x 10', une fournaise de 10 000 BTU devrait suffire.

Remarques : La maison Harnois se charge d'installer votre mini-serre à l'endroit de votre choix, sans frais. Vous devez construire vous-même le radier.

Un seul modèle	Longueur	Largeur	Prix
	10'	8'	$825

Remarques : Le prix comprend l'installation par le Centre agricole Harnois inc. La fournaise et le ventilateur viennent en option. Mais les tablettes intérieures sont incluses.

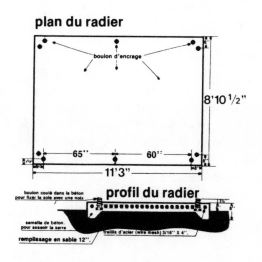

plan du radier

profil du radier

LA MINUSCULE INDALL

Produite par :
Indall Products Limited
350 Clayson Road
Weston, Ontario, M9M 2L5

Distribuée par :
Le Castor bricoleur à Ville-d'Anjou, Laval et Brossard,
ainsi que par :
H. Gagnon & Fils à Saint-Hyacinthe.

LA SERRE INDALL

Forme

Serre à murs verticaux, dont le toit a une forte inclinaison (afin d'empêcher l'accumulation de la neige et la formation de glace). La serre a 8 pieds de hauteur.

Structure et revêtement

Structure d'aluminium peinte en blanc comprenant la base des quatre murs et les montants de la charpente.
Revêtement de vitre.

Fondations

La base métallique de la serre doit être soutenue sur tout son périmètre. Il est préférable qu'elle soit solidement ancrée au sol. Son ancrage peut être assuré soit par des pieux de bois, des rigoles de béton ou encore par un solage complet en béton.

Chauffage et ventilation

La serre est munie d'une porte coulissante et d'une lucarne qui assure l'aération. Le fabricant propose une chaufferette portative de 115 volts, soit 1 500 à 1 200 watts. Cette chaufferette est munie d'un thermostat. Une autre chaufferette portative de 240 volts (4 800 watts) est également disponible chez le marchand.

Remarques : A cause de sa base métallique, la serre Indall ne convient pas à la culture en plein sol. Comme on travaille sur des tables et des tablettes, la perte de lumière occasionnée par sa base opaque n'est pas importante.

Mode d'installation

La petite serre ontarienne Indall est livrée avec un guide de montage illustré complet. Le fabricant explique en outre comment préparer la construction de cette serre préfabriquée et énumère les outils nécessaires à la construction.

Les différents modèles

Modèle régulier	Longueur	Largeur	Prix
	7'	5'	$379
	7'	7'	$489
	7'	9'	$549

Modèle d'appui (en appentis)	5'	7'	$339

Chaque modèle comprend une porte coulissante et une lucarne d'aération.

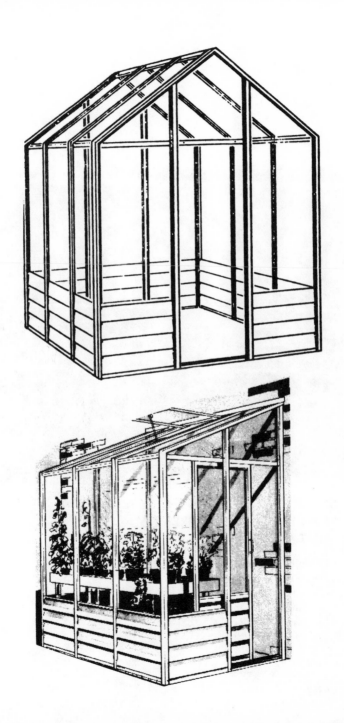

LA LUMINAIR EN APPENTIS, OU LA SERRE LUMIERE

Produite en Angleterre par Crittall Warmlife ltd.
Distribuée au Québec par :
Labonté & fils
560 Chemin Chambly
Longueuil, Québec, J4H 3L8
Tél. 514-651-6000

LA SERRE LUMINAIR H

Forme

Serre dont les murs latéraux sont légèrement inclinés suivant le modèle hollandais, et le toit en pignon. Des sections supplémentaires peuvent être ajoutées. L'achat comprend la porte coulissante et une ou deux fenêtres d'aération.

Structure et revêtement

Structure en aluminium qui ne pourrit pas et n'a pas besoin de peinture. Le revêtement est de vitre. Le vitrage couvre les murs jusqu'à la base de la serre.

Fondations

Même si le fabricant ne suggère aucun type de fondations, nous vous rappelons qu'au Québec l'ancrage ou le solage sont indispensables tant pour assurer la solidité de la serre que pour contribuer à la réchauffer.

Chauffage et ventilation

La ventilation est assurée par la porte coulissante, les vasistas à lames orientables, qui peuvent être placées n'importe où sur les murs de la serre, et des lucarnes munies ou non d'un contrôle automatique d'aération.

Le fabricant propose en outre un ventilateur de 20 cm (30 watts, tension 200/269 V courant alternatif).

Le chauffage de la Luminair peut être assuré de trois façons :

1. Le chauffage au pétrole, pour les serres ne mesurant pas plus de 3,65 m x 2,43 m. L'appareil recommandé en tôle d'acier galvanisé consomme jusqu'à 4,5 litres en 48 heures. Il comprend un humidificateur

amovible et une cheminée émaillée.

2. Le chauffage par ventilation : l'appareil est contrôlé par un thermostat et peut être installé n'importe où.

3. Le chauffage électrique tubulaire, totalement protégé contre l'eau et l'humidité.

Remarques : La Luminair est l'un des modèles de serre domestique les plus esthétiques. Sa ligne légèrement courbée favorise la pénétration de la lumière solaire. Construite en aluminium, elle est donc à l'abri de la pourriture et de la rouille. Autre avantage de taille : on peut l'agrandir à volonté.

Mode d'installation

L'assemblage de la Luminair est facile et rapide.

Les vitres, découpées aux dimensions voulues, reposent sur des joints spéciaux en plastique. Aucun mastiquage nécessaire.

Les différents modèles

Modèles	Longueur	Largeur	Hauteur	Prix
Luminair H	3,23 m	2,50 m	2,13 m	$525
	3,83 m	2,50 m	2,13 m	$695
	4,47 m	2,50 m	2,13 m	à discuter
	5,08 m	2,50 m	2,13 m	
Luminair en appentis		8'	6'	$595

LE GRAND LUXE AVEC LORD & BURNHAM

Fabriquées en Ontario et distribuées au Québec par :
Lord & Burnham
4422 Graham Drive
Pierrefonds, Québec
Tél. : 514-626-0966

LES SERRES LORD & BURNHAM : L'IMPERIALE ET L'ORLYT

Les serres Lord & Burnham sont les pionnières des serres domestiques disponibles au Québec. D'origine ontarienne, ces serres, adossées à la maison, deviennent vite une pièce de séjour, pleine de fleurs et de verdure. En somme, votre maison s'enrichit d'une pièce. Mais si votre intention est de cultiver des légumes pour toute la famille, peut-être auriez-vous avantage à choisir un modèle plus approprié à la culture maraîchère. Lord &

Burnham offre aussi une gamme de serres dont les dimensions sont fort imposantes.

Forme

Les serres L & B, à versants droits ou curvilignes, sont disponibles tantôt adossées au mur de la maison, tantôt indépendantes. Leur faîtage est très élevé. De type modulaire, elles s'allongent à volonté.

L'Impériale

A versants curvilignes et faîtage élevé. Ses côtés droits permettent de condenser l'espace de culture.

Structure et revêtement

La structure est en aluminium solide. Elle ne rouille pas.

Le revêtement est de verre. Les carreaux de 30" éliminent tout recouvrement de côté, sauf sur le faîtage.

Chauffage et ventilation

Des lucarnes, près du faîtage, assurent la ventilation naturelle. Certaines Orlyt (notamment l'Orlyt à trois sections) ont des châssis qui ouvrent et ferment à l'aide d'une baguette avec crochet. D'autres (les Orlyt à quatre sections) sont munies de ventilateurs à engrenage rotatif. Lorsqu'il fait très chaud, de petits châssis de soubassement peuvent être installés dans le mur de la serre.

Ceux qui ont l'intention d'utiliser leur serre à l'année longue se procureront un ventilateur automatique afin de stabiliser et contrôler tous les changements de température de la serre venant du dehors. Lord and Burnham propose plusieurs modèles.

Comme cette serre devient vite une nouvelle pièce de votre domicile, elle prend une bonne partie de sa chaleur à l'intérieur de la maison. Pour les périodes de grand froid, il faut prévoir un chauffage d'appoint, électrique de préférence. Il rendra de précieux services quand le chauffage de la maison ne suffit pas.

Fondations

Aucun ancrage n'est compris dans l'achat d'une serre Lord & Burnham. Il suffit toutefois de consulter le représentant de la compagnie à Montréal pour savoir comment installer les fondations de votre serre. Si, par exemple, vous avez l'intention de construire votre serre sur la galerie de votre maison, le spécialiste vous dira si votre site est assez large, si ses bases peuvent supporter le poids d'une serre, et aussi s'il y a lieu de remplacer l'actuel toit par un revêtement transparent qui laissera pénétrer la lumière du soleil.

Mode d'installation

Règle générale, chacun installe sa serre lui-même. Toutefois, si vous rencontrez un problème lors de la construction, Lord & Burnham vous fournira tous les renseignements requis.

Remarques : La serre Lord & Burnham se veut le complément de votre maison. Naturellement, il faut y mettre le prix. Mais vous n'obtenez pas qu'une serre. Comme je l'ai dit, votre maison s'enrichit d'une pièce. Dès lors, vous y cultivez des plantes d'intérieur, vous y prenez l'apéro, vous vous y détendez. Les modèles se multiplient à l'infini. Je ne vous en présente ici que quelques-uns. La compagnie fabrique même des modèles exclusifs adaptés à vos exigences propres.

La Orlyt à versant droit

La serre Impériale

A versants curvilignes

Longueurs :   de 8'6" à 26'5"
Prix :   de $1 186 à $2 484

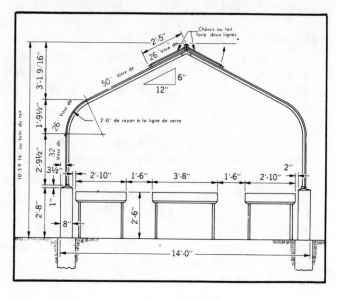

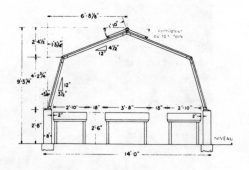

A versants réguliers
(L'Orlyt à 2 espaces égaux)

Longueurs :   de 8'6" à 26'5"
Prix :   de $861 à $2 084

Adossés

Longueurs : de 8'6" à 26'5"
Prix : de $1 320 à 2 580

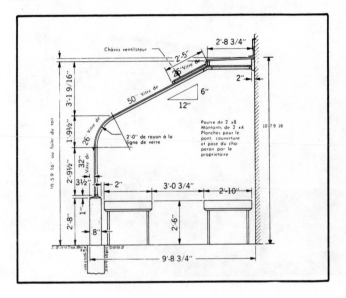

Note : Il existe des modèles de plusieurs dimensions tant et si bien qu'il serait difficile de les mentionner tous.

LA MAYTIME EN FIBRE DE VERRE

Distribuée dans la plupart des quincailleries qui se spécialisent dans l'horticulture.

LA MAYTIME EN FIBRE DE VERRE

Forme

De style gothique, la Maytime est disponible en quatre dimensions : 8' x 8', 8' x 12', 8' x 16', et 8' x 20'. Il n'existe pas de Maytime en appentis.

Structure et revêtement

De structure métallique, la Maytime est recouverte de fibre de verre, garantie pour 20 ans.

La porte est coulissante.

Fondations

Elles ne sont pas comprises à l'achat. On suggère néanmoins de la faire reposer sur un cadre de bois (2 x 4) ou sur des cubes de béton.

Chauffage et ventilation

Une petite chaufferette électrique munie d'un ventilateur suffira. Lors de l'achat, indiquez à votre marchand les dimensions de votre serre domestique. Il vous suggérera une chaufferette suffisamment puissante pour répondre à vos besoins.

Un seul modèle	Longueur	Largeur	Prix
	8'	8'	$499
-	12'	8'	$699
	16'	8'	(à discuter)
	20'	8'	"

Remarque : Avec la fibre de verre, finie la fastidieuse opération de la pose annuelle du polyéthylène. Ce revêtement est renommé pour sa résistance. Par contre, vous n'obtenez pas, comme avec le verre, la transparence qui permet de voir à l'extérieur de la serre.

UNE FORMULE ECONOMIQUE : LA PIEDMONT

Fabriquée au Québec et distribuée par :
W.H. Perron & Cie Ltée
515 Boul. Labelle
Laval, Québec, H7V 2T3
Tél. : 514-332-3610
et
J. Labonté & Fils
560, Chemin Chambly
Longueuil, Québec, J4H 3L8
Tél. : 514-651-6000

LA SERRE PIEDMONT

Forme

De style gothique. Ses arches sont situées aux 30 pouces.

Structure et recouvrement

La charpente est de bois laminé. La serre Piedmont peut être recouverte de fibre de verre garantie pour 20 ans et de polyéthylène (8 mm) de longue durée (trois ans). La porte est en contre-plaqué.

Chauffage et ventilation

De dimensions réduites, la serre Piedmont se contentera d'une chaufferette électrique d'appoint.

Comme aucune ouverture n'a été prévue dans le recouvrement, il faudra prévoir un petit ventilateur électrique pour les journées chaudes de l'été.

Fondations

Cette petite serre intéressera surtout les jardiniers qui veulent "partir" leurs plants de légumes et de fleurs en serre pour ensuite les transplanter au potager extérieur. Ils n'auront aucune inquiétude si leur serre est bien ancrée au sol grâce à des piquets de bois, enfoncés dans le sol aux quatre coins de la serre.

Mode d'installation

La Piedmont est facile à installer : il suffit de quelques heures pour la mettre en place. Suivez les instructions du fabricant.

Les différents modèles

Modèles	Longueur	Largeur	Hauteur	Prix
Serre Piedmont, recouverte de polyéthylène	10' (3 m)	10' (3 m)	8' (2,45 m)	$339
Recouverte de fibre de verre	10' (3 m)	10' (3 m)	8' (2,45 m)	$549

LA SERBRI, UN JARDIN D'HIVER

Fabriquée et distribuée par :
Serbri Inc.
2136, route 220
Saint-Elie d'Orford, Québec, J0B 2S0
Tél. : 819-565-1037

LA SERRE SERBRI

Forme

Les jardins d'hiver Serbri empruntent la forme classique. Les vitres courbées, fort esthétiques, assurent une excellente répartition de la lumière. Tous les modèles ont des côtés à angles droits de manière à éviter les pertes d'espace.

La Serbri peut jouer également le rôle de solarium, d'abri de bateau, de portique d'entrée ou de dôme de piscine.

Structure et revêtement

La structure est d'aluminium anti-corrosion, léger et robuste. Elle est recouverte d'émail cuit (alliage 6063-T5).

L'acheteur a le choix entre plusieurs revêtements : la vitre de lexan, le polyéthylène ou les panneaux de fibre de verre. La vitre de 1/8" d'épaisseur est claire ou teintée. Elle est incassable et porte une garantie de trois ans contre le bris (garantie du manufacturier, General Electric). Serbri offre aussi des vitres thermales à double paroi, pour un usage à l'année longue. Grâce au joint de caoutchouc et de polyester, la pose du verre ne requiert pas l'emploi de mastic.

Tous les modèles comprennent une porte mesurant 34" x 80". Munie d'une vitre de sécurité et d'un moustiquaire, cette porte s'ouvre vers l'extérieur.

Fondations

Les jardins d'hiver nécessitent une fondation de 6" de large s'ils doivent servir durant l'hiver. Mais ne construisez pas vos fondations avant d'avoir reçu vos plans.

Dimensions et prix

Longueur illimitée. Largeur allant de 6' à 40'. Les extensions mesurent 21". Les modèles en appentis peuvent être élargis jusqu'à 48".

La Serbri offre des modèles dont les prix varient de $600 à $3 346 dans le cas des serres en appentis. Les prix du modèle régulier (non adossé) vont de $1 164 à $6 901.

Serbri mesure ses serres de l'intérieur, ce qui n'est pas négligeable pour l'acheteur. Voici un exemple. Une serre adossée mesurant 6'10" x 17'2" coûte $2 158. Si vous l'élargissez jusqu'à 9'10", comptez alors $460.75 de plus.

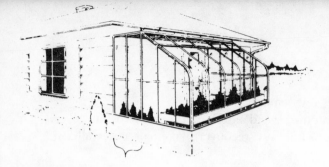

Extension de côté

Extension de toit

La Serbri en appentis

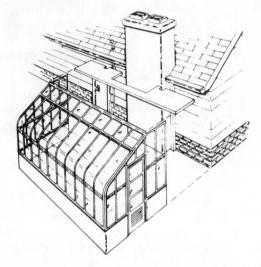

Modèle jumelé

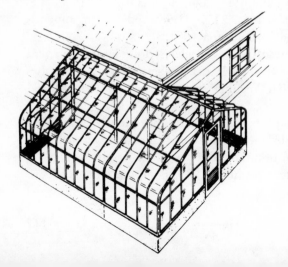

Un solarium, une véranda couverte ou un jardin d'hiver.   La
Serbri est tout ça... en plus d'embellir votre maison.

Ajoutez un dôme à votre piscine et prolongez votre saison de bai-
gnade.

LA SOLAGRO, DE VALLEYFIELD

Fabriquée dans les usines québécoises de Valleyfield
et distribuée par :
Solagro Ltée
52 Victor-Léger
Valleyfield, Québec, J6T 3J1
Tél. : 514-371-3809

LA SERRE SOLAGRO

Forme

Les serres Solagro, à versants curvilignes, ont été
pensées en fonction des maisons avec lesquelles elles
doivent s'harmoniser. Ceux qui adoptent la Solagro
veulent une pièce de plus à leur foyer, un solarium où
poussent des plantes, certes, mais où l'on se repose à

toute heure du jour. Deux modèles sont disponibles : la serre en appentis, de loin la plus populaire, et la serre à double pente.

Structure et revêtement

La structure d'aluminium à haute résistance à la corrosion a été traitée contre le tarissement et la rouille. Même après plusieurs années, l'aluminium conserve son lustre. L'alliage 6063-T5 résiste aux vents violents et autres charges.

Toutes les serres sont en verre. Cette année, le fabricant offre tous ses modèles en verre "thermos", moyennant un supplément. La dépense mérite qu'on y réfléchisse car cette vitre permet une meilleure pénétration de la lumière, empêche le gel en hiver et évite les pertes de chaleur.

La pose du verre se fait à l'aide de joints de caoutchouc. L'usage de silicone assure une meilleure étanchéité. Même la vitre courbée est thermos.

Fondations

Le solage de la serre doit être creusé sous le gel. La compagnie fournit des plans pour la construction des fondations. Sur demande, elle effectue elle-même le travail grâce à son système comprenant planchers et murs préusinés.

Installation

Toutes les pièces de la serre sont précoupées, percées et identifiées pour un assemblage facile à l'aide d'un manuel. Vous pouvez donc effectuer le travail vous-même. Ou encore, demandez à la compagnie Solagro une évaluation. Naturellement, les frais d'installation, le plancher et les matériaux pour l'érection ne sont pas compris dans le prix d'achat. Pour la livraison, allouez 4 à 6 semaines de délai.

Chauffage et ventilation

Solagro propose un système de chauffage ainsi que des ouvertures d'aération automatiques et pneumatiques. Vous trouverez également des tablettes en aluminium anodisées(qui ne tarissent pas) ou en verre. L'ouvre-fenêtre automatique, qui fonctionne sous le contrôle d'un thermostat afin de maintenir la serre à la température désirée, coûte $275.

Dimensions et prix

Modèles en appentis

A.   Largeur :   4'11'' (1,51 mètre)
     Longueur : de 8'9'' (2,67 m) à 25'3'' (7,62 m)
     Prix :   de $1 225 à $2 200.

B.   Largeur :   7'3'' (2,21 m)
     Longueur : de 8'9'' (2,67 m) à 25'3'' (7, 62 m)
     Prix :   de $1 530 à $2 650.

C.   Largeur :   9'7'' (2,92 m)
     Longueur : de 8'9'' (2,67 m) à 25'3'' (7,62 m)
     Prix :   de $1 800 à $3 250.

Note : Ces prix comprennent le jardin d'hiver, les deux extrémités et une porte.

Modèles double pente

De trois largeurs différentes, ces modèles sont disponibles dans les mêmes longueurs que les serres en appentis. Les prix varient de $2 350 à $5 424.

122

Exposée au soleil toute la journée, cette serre Solagro en appentis est munie de pare-soleil indispensables durant les journées torrides de juillet.

LA PLASTISER, POUR LES AMBITIEUX

Conçue en France et distribuée au Québec par :
Plastiser Inc.
4171, rang Sainte-Rose
Lourdes-de-Joliette, Québec, J0K 1K0
Tél. : 514-759-3401

LA SERRE PLASTISER

Forme

La serre Plastiser emprunte la forme arrondie pour assurer une pénétration optimum de la lumière du jour. De conception modulaire, elle peut être allongée indéfiniment. Chaque module mesure 5 pieds (1,5 mètre). Elle peut également être jumelée à une autre serre.

Structure et revêtement

Construite en tubes d'acier de 2'/4'' de diamètre galvanisés à l'intérieur comme à l'extérieur. Les arches sont assemblées à l'aide de croix, sans boulons ni soudures. La structure est retenue au sol par des plaques métalliques enfouies. C'est donc dire qu'aucune autre fondation n'est nécessaire.

Plastiser recommande un recouvrement de polyéthylène de longue durée à double paroi . Une double épaisseur de ce polyéthylène, qui dure quatre ans, laisse pénétrer plus de 85% de la lumière.

Remarques : Vu sa conception modulaire, si le plastique d'une section subit un dommage, il est plus facile de remplacer une seule section que de réparer ou remplacer une grande nappe de polyéthylène. Le fabricant offre aussi un recouvrement de fibre de verre. Plus cher... mais plus durable.

Chauffage et ventilation

Comme Plastiser s'intéresse plus particulièrement aux serres professionnelles, son équipement est également pensé en fonction des besoins et des exigences des serriculteurs qui opèrent des serres de 100 ou 200 pieds. Inutile donc de décrire les systèmes de chauffage et de ventilation que Plastiser propose. Si vous ambitionnez de cultiver sur une grande échelle, allez plutôt faire un tour à Lourdes-de-Joliette où l'on vous renseignera.

Note : Plastiser propose en outre des abris de culture et des grands tunnels. Si ce type de serre vous intéresse mais que vous n'envisagez pas une carrière professionnelle, expliquez au représentant que vous comptez cultiver en amateur. Il adaptera alors ses modèles professionnels à vos besoins moins ambitieux.

3002

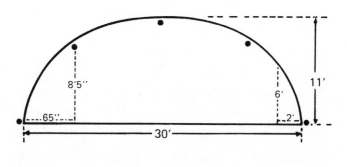

2102

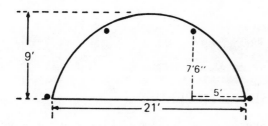

De conception modulaire, chaque section de la Plastiser est recouverte de polyéthylène en feuilles séparées.

La structure est retenue au sol par des plaques métalliques enfouies dans la terre.

L'ABRI-SERRE FILCLAIR

De conception française, l'abri-serre Filclair est distribué au Québec par :
Les Jardins Paysagers de Joliette Inc.
4153, Rang Sainte-Rose
Lourdes-de-Joliette, Québec, J0K 1K0
Tél. : 514-756-2664

LES SERRES FILCLAIR

La maison française Filclair a abandonné le marché des serres domestiques. Elle propose maintenant un abri-serre qui mérite notre attention car il intéresse déjà un grand nombre de jardiniers amateurs ambitieux.

L'abri-serre mesure 21 pieds par 50 pieds (4 m x 15 m). Sa conception bien particulière le rend inutilisable en hiver. Il permet néanmoins une culture hâtive.

Forme

L'abri-serre Filclair a la forme d'un demi-cercle. Fabriqué en sections de 5 pieds (1,52 m), il s'allonge à volonté.

Structure et revêtement

La charpente est en acier tubulaire galvanisé. L'assemblage se fait sans boulonnage grâce à un système de croix. L'abri est recouvert d'un polyéthylène européen de longue durée (3 ans) d'une épaisseur de 7,5 millièmes de pouce. On ne pose qu'une seule couche de plastique.

Fondations

Toutes les serres Filclair, y compris l'abri, ne demandent aucune fondation. Elles sont retenues au sol par des tiges de métal dont le bout qui va en terre a la forme d'une cuiller. Ces tiges sont enfoncées dans le sol à deux pieds de profondeur.

Chauffage et ventilation

Comme l'abri-serre n'est utilisé qu'à la fin du printemps, inutile de prévoir un système de chauffage complet. Un chauffage d'appoint suffit. Prévoyez l'achat d'un "pot à l'huile".

La ventilation de l'abri se fait naturellement. Comme la charpente est formée de sections, elles-mêmes recouvertes de feuilles de plastique individuelles, il suffit de soulever le plastique comme on ouvre un rideau. Le polyéthylène sera maintenu espacé grâce à des tiges de bois fixées à l'horizontale.

L'assemblage de la serre Filclair est facile. Grâce au système de croix, parfaitement sécuritaire, les tuyaux d'acier galvanisés sont assemblés sans boulonnage.

Remarque : A première vue, les simples pivots d'ancrage en métal étonnent. On n'a pas l'impression qu'ils peuvent à eux seuls assurer une protection complète. Erreur. Des expériences ont prouvé que les serres Filclair pouvaient résister à des vents de 80 milles à l'heure.

Modèle	Longueur	Largeur	Prix
Abri-serre	50' (15 m)	21' (7 m)	$1 539.47

Filclair offre aussi une véritable serre dont les dimensions sont à peu près celles de l'abri : 28' x 50' (ou 8,5 m x 15 m). Cette fois, le revêtement de polyéthylène est double. Cette serre, de même structure que l'abri, doit être chauffée par une fournaise de 160 000 B.T.U. Elle est ventilée à l'aide d'un "fan jet" de 12 pouces (ventilateur de circulation) et d'un ventilateur d'échappement de 36 pouces (qui, soit dit en passant, coûte $397). Cette serre coûte $2 375. Elle s'adresse aux semi-professionnels et aux professionnels. Attention, votre abri-serre pourra être converti en serre.

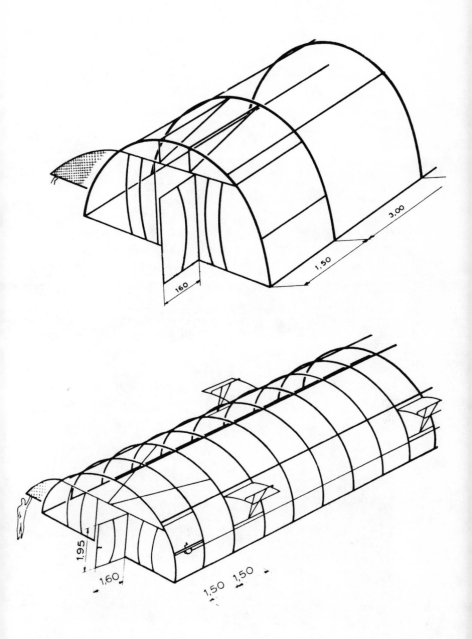

7. Contre les vents violents: un ancrage solide

Méfiez-vous des vents, ce sont les plus grands ennemis de la serre ! Il ne suffit pas de placer l'extrémité de la serre en face des vents dominants pour éliminer tout risque d'accidents. Il faut prendre certaines précautions supplémentaires, sans quoi la structure de la serre pourrait bien s'envoler, un jour d'ouragan ou de tornade.

L'ancrage est l'un des secrets. La résistance de la serre aux vents peut être assurée soit par des pieux de bois enfouis dans la terre, soit par des socles de béton ou encore par un solage complet en béton.

Le choix de l'ancrage dépend beaucoup plus de l'emplacement de la serre par rapport aux vents que de ses dimensions.

LES PIEUX DE BOIS

En ville, en banlieue et parfois même à la campagne dans les régions moins venteuses, une mini-serre, bien ancrée au sol à l'aide de piquets de bois cloués aux quatre coins de la serre, résistera aux intempéries.

Coupez des pieux de bois (2 x 4) d'environ 18 pouces de longueur (45 cm). Affûtez-en l'extrémité qui ira en terre. Ensuite, enduisez les pieux d'un préservatif avant de les enfoncer dans le sol. Clouez-les à la charpente de la serre en vous assurant que celle-ci est bien à niveau.

LES SOCLES DE BETON

Creusez des trous de 9 pouces (23 cm) et d'une profondeur d'au moins 18 pouces (45 cm). Coulez du béton dans les trous, et vérifiez le niveau. Avant que le béton soit sec, enfoncez des boulons de 5 pouces (12 cm) en laissant dépasser environ la moitié du filetage. Quand le béton aura complètement durci, vous pourrez visser la base de la serre dans les socles.

UN SOLAGE EN BETON

Pour une sécurité complète, il faut construire un véritable tour en béton. Creusez une tranchée d'une dizaine de pouces de large (25 cm). Cette tranchée doit dépasser la ligne du gel afin que les fondations ne se déforment pas.

Remplissez le fond de pierre concassée ou de gravier, tassez bien et recouvrez d'une épaisseur de 6 pouces (15 cm) de béton. Assurez-vous que le solage est à niveau.

Vous avez là des fondations à toute épreuve. Votre serre sera rivée au tour de béton de manière à affronter les vents les plus furieux. Mais le solage joue aussi un rôle important dans l'isolation de la serre. Sur la paroi intérieure des fondations, fixez un styromousse d'un pouce (2,5 cm) d'épaisseur. Cet isolant contribuera à réchauffer le sol tôt au printemps, à la fonte des neiges.

UNE SERRE SANS FONDATIONS

La maison Filclair a mis au point en France une serre sans fondations, capable d'affronter des vents de 80 milles à l'heure. Cette structure est maintenant en vente au Québec.

De forme semi-circulaire, la serre Filclair, faite de tuyaux galvanisés, est retenue au sol à l'aide de tiges de métal enfoncées dans le sol. Cette méthode a été conçue en fonction des serres Filclair. N'essayez pas de l'adapter vous-même à un autre type de serre sans en discuter avec des spécialistes.

SUR UN PATIO DE CIMENT

Votre serre s'érigera peut-être sur le patio de ciment à l'arrière de la maison. Dans ce cas, utilisez des vis spéciales pour le ciment avec boulon d'extension en plomb, disponibles dans toutes les quincailleries.

8. Comment chauffer sa serre

Dans la serre, la température idéale doit se maintenir à 75o F (24o C) le jour et varier entre 60o F et 65o F (15o et 18o C) la nuit.

Côté chauffage, les plants ont deux ennemis à combattre pour croître normalement, car c'est bien ce que vous souhaitez, non ? Alors, retenez bien ceci : évitez le plus possible 1) les excès de chaleur; 2) une température dans la serre qui soit trop basse.

D'un côté comme de l'autre, le plant s'en ressentira. S'il fait trop chaud, il va s'étioler. Il s'étirera en longueur mais sa tige restera figée, son feuillage clairsemé et pâle. Il n'aura pas bonne mine, quoi ! S'il gèle, par contre, sa croissance retardera; il demeurera petit de taille et mettra plus de temps que nécessaire à pousser son bois.

UN SYSTEME DE CHAUFFAGE SUFFISANT

On peut chauffer une serre domestique de trois façons : à l'électricité, à l'huile et au gaz. Avant d'arrêter son choix, il faut apprendre à déterminer les besoins de sa serre en chauffage.

La capacité de la fournaise ou de la chaufferette

doit être suffisante pour contrebalancer les pertes de chaleur. Pour déterminer ces pertes, il faut connaître la surface exposée en pieds ou en mètres carrés, l'écart entre les températures intérieure et extérieure de la serre, et, enfin, le coefficient de transmission de chaleur.

Pour simplifier l'opération, rendez-vous chez un spécialiste en chauffage ou au comptoir des chaufferettes électriques d'un grand magasin. En fournissant au vendeur les dimensions exactes de votre serre (longueur, largeur, hauteur au faîte et au côté, et pente du toit), il déterminera les besoins de votre serre en chauffage.

Si vous aimez les mathématiques, vous pouvez calculer vous-même la quantité de B.T.U. requise pour votre serre. Utilisez la formule suivante :

$$C = KS \, (T_2 - T_1).$$

C	= nombre de B.T.U./heure.
S	= surface exposée en pieds carrés.
$T_2 - T_1$	= écart entre les températures intérieure et extérieure en degrés F.
K	= coefficient de transmission de la chaleur.

Le coefficient de transmission a été calculé par les experts. Il varie selon le type de recouvrement de la serre.

2 films de polyéthylène	:	0,705
1 film de polyéthylène	:	1,200
Verre	:	1,120

Il ne reste donc qu'à trouver la surface totale ex-posée. Procédez comme suit :

pente du toit   : P   hauteur au faîte   : H
longueur   : L   hauteur au côté   : h
largeur   : La

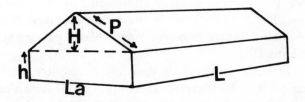

Note : Pour les besoins de notre calcul, nous appelle-rons D la différence entre la hauteur du faîte et la hau-teur du côté.

La surface totale exposée = côtés + toit + extrémités.

additionnez :   (h x L) x 2   = côtés
      (P x L) x 2   = toit
$$[(la \times h) + \frac{D \times la}{2}] \times 2 \quad = \text{extrémités}$$

Aussi bien vous le dire, moi qui n'ai pas la "bosse" des chiffres, je préfère m'en remettre à un spécialiste. C'est plus simple... et plus sûr !

QUEL TYPE DE CHAUFFAGE CHOISIR ?

a) Le chauffage à l'électricité

C'est assurément le mode de chauffage le plus pratique dans une serre domestique. La chaufferette ne coûte pas cher, se déplace facilement, ne nécessite pas d'installation compliquée et fournit un chauffage propre et équilibré. Autre avantage : vous n'avez pas de cheminée à installer.

Si votre serre est de dimensions réduites, une ou deux petites chaufferettes électriques à air forcé, d'environ 1 500 à 2 000 watts, feront l'affaire. Choisissez un modèle muni d'un thermostat. Certains fabricants de serres (comme Harnois) vendent une chaufferette de 10 000 B.T.U. pour $55.

Evidemment, l'électricité coûte cher, me direz-vous. Mais vous ne chauffez pas une maison entière. Votre mini-serre est exposée au soleil et le chauffage, au fur et à mesure que la saison avance, ne fonctionnera qu'à la tombée du jour et durant la nuit.

B) Le chauffage à l'huile

Le chauffage à l'air chaud nécessite un déboursé plus important. Il faut acheter une fournaise à l'huile de type domestique et également munie d'un thermostat.

La fournaise prend plus de place dans la serre qu'une chaufferette électrique. Elle est intéressante dans la mesure où votre serre est plutôt spacieuse. Pour diffuser uniformément la chaleur dans toute la serre, vous devrez installer des tuyaux de polyéthylène perforés qui iront de la sortie d'air chaud de la fournaise jusqu'au bout de la serre. Ce tuyau de plastique fixé au sommet distribue l'air tout au long de la serre. Evitez ce genre d'installation si votre serre ne mesure pas au moins 20 pieds de long. Dans certains cas, des fournaises de plancher sans thermostat peuvent suffire. Allez vous promener à la campagne chez les regrattiers. Depuis l'avènement du chauffage à l'électricité, beaucoup de gens ont remisé ou vendu leur "pot à l'huile". Vous le rachèterez à bon compte.

Naturellement, ce genre d'installation ne fonctionne pas automatiquement, vu l'absence de thermostat. Vous devez être très attentif aux hausses et aux baisses subites de température. Soyez prêt à monter ou à baisser le chauffage selon le cas. De plus, le "pot à l'huile" n'assure pas une distribution uniforme de la chaleur. C'est pourquoi, en préparant votre plan de culture, il faudra tenir compte des besoins calorifiques de vos plants. La laitue, par exemple, résiste mieux aux basses températures que le concombre. Plantez donc les laitues au bout de la serre ou le long des parois tandis que vos concombres pousseront mieux plus près de la source de chaleur.

En planifiant vos coûts d'achat et d'installation, prévoyez certains déboursés supplémentaires. Si vous choisissez le chauffage à l'huile, par exemple, il vous faudra prévoir des sommes pour l'achat et l'installation par un ouvrier qualifié de la cheminée et de la fournaise. Vous devrez également acheter un réservoir à l'huile.

C)   Le chauffage au gaz propane

Le chauffage au gaz propane comporte les mêmes avantages et inconvénients que le chauffage à l'huile. Il implique l'achat d'une fournaise, d'une cheminée et d'un réservoir. Seul le carburant diffère.

Si on le compare au chauffage à l'électricité, on relève un seul avantage de taille en faveur d'une installation au gaz propane : en cas de panne d'électricité, vos plants ne risquent pas de souffrir du froid.

DES PETITS TRUCS
POUR ECONOMISER L'ENERGIE

Quel que soit le type de chauffage que vous avez choisi, il est possible de réaliser d'intéressantes économies de chauffage. Voici quelques moyens de diminuer sensiblement vos coûts de chauffage :

— Votre serre doit être située *à l'abri des grands vents*. En orientant la serre d'est en ouest, la surface exposée aux vents dominants sera moindre.

— La vitesse du vent contribue à abaisser la température de la serre. *Installez des brise-vent* (arbres ou clôture à neige) qui ralentiront la course du vent.

— Recouvrez la serre d'*un double film de polyéthylène*.

— *Recouvrez le mur nord* de la serre (celui qui n'est pas exposé au soleil) d'un matériau rigide, permanent. Peignez-le d'une peinture blanche ou aluminium.

— *Bouchez toutes les fissures* qui laissent entrer l'air froid, y compris le tour des ventilateurs.

— *Surveillez l'apparition de nouveaux polyéthylènes* plus épais et traités spécialement pour réduire les pertes de chaleur durant la nuit.

— *Placez la fournaise dans la serre* et non dans une pièce attenante, même si cela signifie une perte d'espace.

— Faites *vérifier votre fournaise* à chaque année.

— Si votre serre est longue, *les tubes perforés* qui distribuent la chaleur dans toute la serre *permettent de sauver jusqu'à 15 p. 100 du chauffage.*

EN CAS DE PANNE D'ELECTRICITE

Vous ne disposez probablement pas d'une génératrice d'urgence. Pourtant, vos plants risquent de subir des dommages s'ils sont privés de chaleur pendant une panne d'électricité de longue durée. Gardez donc toujours à portée de la main un ou deux gallons de peinture à moitié remplis d'alcool méthylique ou de bois. En cas de panne, allumez-les et il se dégagera suffisamment de chaleur pour empêcher les plants de geler.

Dernier conseil : veuillez à ce que tous les raccordements électriques soient à l'épreuve de l'eau et de l'humidité.

9. La ventilation: les poumons de la serre

En avril, le soleil prend peu à peu de la force. En mai et en juin, par journée de grand soleil, votre serre peut ressembler à un four. Il faut éviter cela. Si la température de la serre se maintient, par exemple, au-dessus de 90o F (33o C) pendant un certain temps, vous êtes peut-être en train de perdre une bonne partie de votre récolte. Le métabolisme des plantes s'arrête durant ces heures critiques et il faudra plusieurs jours de soins attentifs avant que celles-ci ne refassent leurs forces.

Prenons le cas de la tomate. Eh bien ! si une fleur de tomate passe trois heures dans une serre brûlante de 90o F (33o C), ou pire, si elle doit supporter, ne serait-ce que deux petites minutes, une température frisant 100o F (38o C), elle n'est à peu près plus pollinisable. Cette fleur sèchera sans former de fruits. De plus, l'état de santé général du plant laissera lui-même à désirer. C'est un peu comme si vous le preniez à la gorge pour l'étouffer, le pauvre ! Il suffoquera, et vite !

Dans une serre, la ventilation, naturelle ou mécanique, remplit un rôle vital. Comme chez l'être humain, les "poumons" de votre mini-serre doivent être propres ! Une ventilation efficace y contribuera largement, pour le plus grand bien de vos plants.

La ventilation remplit en vérité trois fonctions précises :
- Elle permet d'expulser l'air vicié en créant un mouvement de circulation dans la serre.
- Elle permet de contrôler le degré de température dans la serre.
- Elle remédie à l'humidité relative ambiante. Idéalement, l'humidité doit varier entre 35 et 70 degrés. Plus l'humidité est forte, plus il faudra ventiler. Votre serre ressemblera à un véritable bain sauna et les infections et les maladies proliféreront à leur aise si l'humidité dépasse 85 degrés.

L'AERATION NATURELLE

Les portes et les fenêtres de la serre assurent l'aération naturelle. L'air extérieur admis sera suffisant à la condition que ces ouvertures constituent au moins un sixième de la superficie de votre serre.

Certaines mini-serres usinées sont munies d'une ou deux lucarnes manuelles et d'aérateurs-louvres qui assurent l'aération au niveau des plants.

Bien entendu, cette ventilation naturelle, la plus économique de toutes, dépend directement des conditions climatiques extérieures. Quand le temps est lourd et sans vent, l'aération s'effectue plus difficilement. Il faut parfois avoir recours à un ventilateur électrique.

Regardez bien cette petite serre Eden : l'aération naturelle est assurée : 1) par la porte coulissante; 2) par la lucarne au faîte; 3) par l'aérateur-louvre installé sur le côté de la serre. Si cette aération est insuffisante, et cela est bien possible durant les journées les plus chaudes, il faudra prévoir un ventilateur électrique.

La serre Filclair a prévu une aération naturelle facile à manoeuvrer : une ouverture dans le polyéthylène qui permet une aération naturelle grâce à des tiges de métal qui retiennent le plastique.

D'autres modèles de serres, comme par exemple celles de Lord & Burnham, proposent des châssis d'aération au faîte. On peut les ouvrir et les fermer à l'aide d'une baguette avec crochet. D'autres modèles sont munis d'un engrenage rotatif.

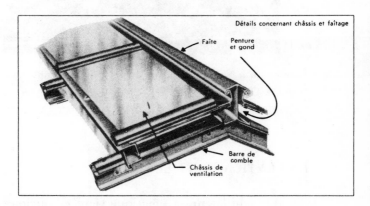

Détails concernant châssis et faîtage

Faîte

Penture et gond

Barre de comble

Châssis de ventilation

Comme on le voit ici, les pans de polyéthylène sont ouverts à la manière d'un rideau. Une tige de bois les maintient à distance.

LA VENTILATION MECANIQUE

Le ventilateur automatique vient en quelque sorte s'ajouter à l'aération naturelle insuffisante. Muni d'un thermostat qui détermine les besoins de la serre, ce petit ventilateur électrique fait sortir l'air (et non l'inverse). Les fabricants d'équipement de serre proposent un petit ventilateur de 12 pouces qui coûte environ $120, (thermostat inclus). Ce ventilateur assure un contrôle beaucoup plus précis que la ventilation naturelle.

En fait, pour ventiler adéquatement une serre de 8' x 8' (2,43 m x 2,43 m), demandez un ventilateur qui développe de 400 à 500 pieds cubes par minute.

Vous avez peut-être déjà chez vous un combiné chaufferette-ventilateur d'usage domestique, ou encore un ventilateur portatif. Il vous a probablement coûté une trentaine de dollars. Ce petit appareil, qu'on trouve dans toutes les quincailleries, sera un excellent atout dans votre serre. Si vous avez l'intention d'en acheter un, expliquez au marchand ce que vous attendez de l'appareil. Il vous aidera à choisir parmi la multitude d'appareils disponibles sur le marché.

L'ÉQUIPEMENT PROFESSIONNEL

Plus la serre est longue, plus ses besoins d'air sont grands. Avant de vous lancer dans la construction d'une serre de 20 pieds ou plus, réfléchissez bien : votre serre semi-professionnelle commandera un équipement plus compliqué... et plus coûteux.

Les ventilateurs mécaniques doivent avoir une capacité suffisante pour changer l'air de la serre en une minute.

La capacité totale d'un ventilateur est déterminée par le nombre de pieds cubes d'air qu'il peut déplacer en une minute. Ce débit total des ventilateurs doit équivaloir au volume total de la serre.

En été, les ventilateurs fonctionnent souvent à pleine capacité. En hiver, ou tôt au printemps, ils ne fonctionnent qu'à 25 p. 100 de leur capacité. Dans les serres commerciales, on rencontre deux types de ventilateur : les ventilateurs de circulation et ceux d'échappement.

a)   Les ventilateurs de circulation

On les appelle aussi ventilateurs d'entrée d'air. Encastrés à l'extrémité de la serre, ces ventilateurs sont munis de louvres motorisés. Ils assurent l'entrée d'air frais dans la serre. Aux premières belles journées du printemps, ce sont eux qui fournissent aux plants la quantité d'air frais dont ils ont besoin.

b)   Les ventilateurs d'échappement

Plus gros que les ventilateurs de circulation, ceux-ci se mettent en marche dès que le temps chaud s'annonce. Leur rôle consiste à expulser l'air vicié ou trop chaud qui se trouve dans la serre.

Aussitôt que les ventilateurs d'échappement se mettent en marche, (quand le thermomètre indique 75o F (24o C), vous constaterez une chute rapide de la température. En hiver, quand la température extérieure est beaucoup plus froide que celle prévalant dans la serre, le ventilateur d'échappement ne fonctionne pas. Pour éviter les pertes de chaleur, recouvrez-le de polyéthylène ou d'un autre matériau isolant, qu'il faudra enlever dès que la température extérieure se réchauffera, en avril.

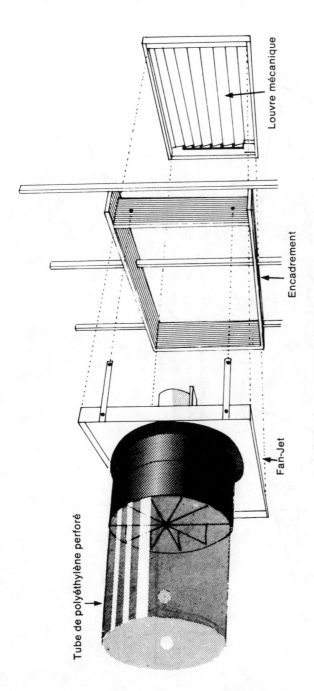

Tube de polyéthylène perforé

Fan-Jet

Louvre mécanique

Encadrement

Système intégré de ventilation-circulation

Les ventilateurs de circulation fonctionnent comme suit : l'air entre par le louvre mécanique et pénètre dans la serre à travers le "fan jet", ou ventilateur, qui transporte l'air de l'extérieur à l'intérieur.

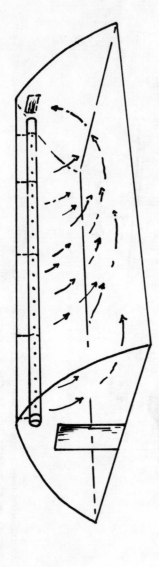

Afin d'assurer la circulation de l'air, on installe un type de poly-éthylène autour du "fan jet" et on le laisse courir jusqu'au bout de la serre. Les trous, découpés ici et là dans le plastique, favorisent la circulation de l'air jusqu'au fond de la serre.

UNE BONNE DOUCHE,
ÇA RAFRAICHIT LES PLANTS !

Transportez-vous au coeur de l'été. C'est juillet. Le soleil plombe, la chaleur est torride. Impossible de demeurer dans la serre tant la température est élevée. Toutes les portes et fenêtres sont grandes ouvertes. Le ventilateur automatique fonctionne continuellement mais sans vraiment rafraîchir la serre. Que faire de plus ? Il y a quelques trucs qu'il vous faut connaître.

— Rafraîchissez les plants à l'aide de tourniquets à jet de brume fixés au-dessus des plants. La température de la serre descendra de façon étonnante tandis que l'aiguille de l'hygromètre, qui mesure l'humidité, oscillera, elle, vers le haut. On empêche ainsi le fanage des plants, la fermeture des stomates et l'arrêt de croissance. Mettez le tourniquet en marche quand la température de la serre dépasse 83o F (28o C).

Attention : L'usage trop fréquent des tourniquets peut cependant engendrer des maladies ou causer le lessivage des feuilles.

— Pour protéger votre culture des rayons brûlants du soleil d'été, vaporisez un mélange de chaux hydratée et d'eau sur le recouvrement extérieur de la serre (les pentes et les murs). La chaux créera une ombre rafraîchissante que vos plants apprécieront car vous les verrez tout de suite réagir.
— Quand la température extérieure dépasse celle du dedans, on parviendra encore à abaisser la température intérieure en arrosant les parois extérieures de la serre avec de l'eau froide.

10. L'arrosage

L'arrosage est sans doute l'une des opérations les plus délicates de la culture en serre. Toutes les plantes ont besoin, pour se développer et donner des fruits d'être alimentées en eau. Mais les quantités d'eau varient selon le type de culture et le stade de développement des plantes.

Qu'il s'agisse de culture au sol ou en caissettes, le développement sain des plantes dépend de la qualité de l'eau, de l'équilibre des arrosages, de la température de l'eau et de l'efficacité du drainage.

LA QUALITE DE L'EAU

En ville ou en banlieue, la qualité de l'eau ne pose aucun problème puisque c'est l'aqueduc qui alimente la serre en eau.

A la campagne, c'est différent. Si l'eau utilisée dans la serre vient d'un puits, faites-la analyser avant de commencer les arrosages. Pour ce faire, adressez-vous au bureau régional de l'environnement de votre localité qui relève du gouvernement du Québec. L'inspecteur vous suggérera les amendements que nécessite votre eau, s'il y a lieu.

DE L'EAU DEGOURDIE

L'eau d'arrosage doit être dégourdie, c'est-à-dire à la température ambiante. L'eau glacée refroidit le sol et provoque l'arrêt de la croissance des plants. Vérifiez toujours la température de l'eau; elle doit se situer entre 60o et 75o F (15o à 24o C).

Au début du printemps, soit en mars et en avril, le sol est encore froid. La température de l'eau devra se situer aux environs de 70o F (21o C), plus particulièrement pour la culture des tomates ou des concombres.

Pour cette culture hâtive, prévoyez une conduite d'eau souterraine allant de la maison à la serre. Vous ne pouvez pas compter vous approvisionner en eau grâce à un boyau courant à la surface du sol à l'extérieur de la serre : l'eau gèlera le long de la route.

A la fin du printemps, quand tout danger de gel est passé, l'eau qui alimente votre serre peut circuler dans un boyau. Celui-ci sera, par exemple, relié à un robinet à l'arrière de la maison ou dans le garage. Mais si l'eau ne risque pas de geler, elle demeure plutôt froide à ce moment de l'année. C'est pourquoi il serait préférable d'installer un petit réservoir dans la serre, dans un coin bien exposé au soleil. Un réservoir d'une cinquantaine de gallons suffira à alimenter sans difficulté une serre de 100 pieds carrés (9,30 m^2).

Aussitôt que le sol sera bien réchauffé, réduisez la température de l'eau sans toutefois tolérer qu'elle soit inférieure à 60o F (15o C).

UNE MAUVAISE REGIE DE L'EAU :
QUEL GACHIS !

Méfiez-vous ! Les problèmes dus à une mauvaise régie de l'eau vous guettent entre le début de mai et le 15 juin.

Voici ce qui peut se produire. Nous sommes au coeur du mois de mai. Vos plants sont splendides; les grappes se forment normalement, les fruits apparaissent. Enfin, tout va pour le mieux.

Brusquement, les fleurs avortent, la pourriture apicale se met de la partie... C'est à n'y rien comprendre : vous avez pourtant suivi la cédule de fertilisation recommandée.

Que s'est-il donc passé ? Le mois de mai a été pluvieux, ce qui a ralenti le développement normal de vos plants. Vous croyiez bien faire en continuant d'appliquer rigoureusement les doses de fertilisant recommandées. Mais comme l'air ambiant était très humide à cause des pluies successives et du temps gris qui ne lâchait pas, vous avez réduit les arrosages. Voilà le problème : les plants ont commencé à flétrir parce qu'ils recevaient trop d'engrais pour la quantité d'eau fournie. A cause de ces engrais dans le sol, le taux de salinité a augmenté démesurément.

Pour combattre le fanage de vos plants, vous avez ensuite multiplié les arrosages en vous gardant bien de trop ventiler à cause de la forte humidité à l'extérieur de la serre. C'est précisément dans ces conditions que les fleurs se sont mises à tomber, et que le botrytisse* et la pourriture apicale ont fait leurs premières victimes.

C'est donc dire que les règles n'ont de valeur que

* Le botrytisse est un virus qui cause la pourriture de la tige.

si elles sont adaptées à une situation donnée. Toutes les circonstances doivent être mesurées avant de poser un geste.

QUELQUES POINTS A RETENIR

- L'humidité provient en partie d'un sol gorgé d'eau. Assurez-vous que le drainage de votre serre est adéquat.
- Quand la température extérieure est humide et pluvieuse, réduisez la fréquence de la fertilisation, sans quoi le niveau de salinité du sol augmentera. N'arrosez surtout pas, ces jours-là.
- Au fur et à mesure que les températures grimpent et que les heures d'ensoleillement se multiplient, augmentez la fréquence des arrosages et les quantités d'eau, ceci afin d'éviter que les plants ne flétrissent, même temporairement.
- Arrosez vers la fin de l'avant-midi ou au début de l'après-midi mais jamais en fin de journée. Vous réduirez ainsi le pourcentage d'humidité à l'intérieur de la serre au minimum. Et les plants n'auront pas froid aux pieds, la nuit venue.

UN BON DRAINAGE

Pour éviter que les plants ne baignent dans un lit d'eau, il faut s'assurer que les excès d'eau soient évacués rapidement. Il existe deux méthodes : le drainage de surface et le drainage souterrain.

a) *Un drainage de surface* suffit à acheminer l'eau en dehors d'une serre domestique dont les dimensions sont réduites par rapport à la serre industrielle.

Creusez un petit fossé ou rigole autour du périmètre extérieur de la serre, ce qui permettra aux surplus d'eau de s'écouler au dehors.

b) *Un drainage souterrain*. La plupart des serriculteurs professionnels ont recours aux drains souterrains pour éliminer les excédents d'eau. Ce sont des drains en plastique, placés dans le sol à 18 pouces de profondeur (45 cm), au périmètre intérieur de la serre. Ils utilisent ces mêmes drains pour propulser de l'air chaud afin de réchauffer la terre plus rapidement, au début du printemps.

LES DIFFERENTS SYSTEMES D'ARROSAGE

La plupart des plants de légumes et de fleurs adultes n'aiment pas recevoir une douche d'eau. Règle générale, on arrose copieusement le sol en prenant soin de ne pas mouiller le feuillage.

Si vous n'avez que quelques plants, procurez-vous un arrosoir à long bec que vous dirigerez à la racine des plants. Ayez recours à un boyau à jet réglable si vous comptez un plus grand nombre de plants. Un autre type de boyau donne d'excellents résultats : il s'agit d'arroseuses perforées en plastique qui courent à la base des plants. On les relie à un robinet muni d'une valve de pression qui en règle le débit.

Différents systèmes d'arrosage plus sophistiqués ont été mis au point. Pour arroser dessous les plants, on peut se procurer des boyaux de polyéthylène noir à simple ou double paroi perforée ou encore des tubes alimentant chaque plant en particulier. Des jets de 45o, 90o et 180o arrosent les plants de côté. Enfin, certains plants nécessitent un arrosage en pluie. On doit alors se procurer des jets en gouttelettes arrosant de 6 à 12 pieds de largeur, des jets en buée ou des jets oscillants.

CONNAITRE LES BESOINS
DE CHAQUE CULTURE

Côté arrosage, souvenez-vous que les plantes sont de petits êtres fort capricieux. Chacune a ses exigences. Par exemple, il ne faut jamais arroser le feuillage d'un plant de tomates.

A l'âge adulte, le plant de tomates requiert jusqu'à 1 gallon et 1/4 d'eau à chaque arrosage.

Les plants de *concombres* doivent, eux aussi, recevoir l'eau par la base. Cependant, on conseille d'installer un petit tourniquet à jet léger, pour rafraîchir pendant les journées étouffantes de l'été.

Les fleurs en caissettes aiment bien qu'on leur offre une pluie d'eau fine. On les arrose donc par en haut avec un jet qu'il faudra tenir à une hauteur de 3 à 6 pieds de la boîte (0,91 m à 1,82 m).

On arrose *les plants de céleri, choux et autres légumes en caissettes* destinés au potager extérieur de la même façon. Le jet doit être délicat et l'eau dégourdie.

Dès que commence la floraison des plants, après leur transplantation en pleine terre, cessez d'arroser par le haut et procédez comme pour les plants de tomates : à l'aide d'un boyau perforé qui circule sur le rang, au pied des plants.

Les fleurs en pots et les plantes d'intérieur qui séjournent dans la serre peuvent être arrosées avec un tube alimentant chaque plante et relié à un boyau central.

Naturellement, chaque plante d'intérieur a ses exigences en matière d'eau. Pour les connaître, consultez

On arrose les plants de tomates par la racine. Le système Viaflo
assure l'arrosage goutte à goutte à la base du plant. Un tube en
nylon couvert de micropores permet l'écoulement lent de l'eau.
On aperçoit ici le Viaflo, cette ligne blanche qui longe les rangées
de plants de tomates.

un fleuriste ou un manuel pratique consacré aux plantes.
Retenez tout de même qu'un bon arrosage humidifie le
sol sans pour autant l'inonder. Les plantes feuillues et
celles en pleine croissance demandent plus d'eau que
les autres. Après un arrosage généreux, il faut attendre
que la surface du sol soit sèche avant d'arroser à nouveau. Une plante souffre davantage si elle reçoit trop
d'eau que pas assez.

DEUXIEME PARTIE :

LA SERRE : UN JARDIN ABRITE

Ça y est ! Votre serre est bien en place dans le jardin. Vous en êtes fier car elle a belle allure.

Maintenant, voyons-la au travail ! Qu'attendez-vous d'elle ? Des légumes frais au coeur du mois de mai ? Des plants hâtifs pour votre potager extérieur ? Ou encore des fleurs qui viendront enjoliver votre coin d'univers ?

Dans la deuxième partie de ce livre, il sera question des techniques particulières aux légumes et aux fleurs qui pousseront dans votre serre. Quoi semer ? Quand semer ? Comment préparer son terreau ? Comment réussir de belles et bonnes tomates, des laitues croustillantes, des concombres savoureux ? Et finalement, comment protéger vos légumes contre les dangers qui les menacent : insectes, mauvaises herbes, maladies, intempéries ?

Saviez-vous qu'il faut polliniser les fleurs de tomate tous les jours sans quoi aucune tomate ne verra le jour ? Un bon plant de tomates grimpant peut donner jusqu'à dix livres de tomates. Y arriverez-vous ? Vous a-t-on déjà dit qu'un plant de concombres américains ne donnera pas de fruits à moins que vous n'ayez pensé à installer un essaim d'abeilles dans un coin paisible de la serre ?

Bien entendu, chacun est libre de cultiver ce qu'il

Il n'y a rien comme les bons légumes qu'on cultive soi-même !

veut et comme bon lui semble. Règle générale, la saison de culture s'amorce tôt au printemps. Chez moi, l'été commence à la fin de mars. Quand le soleil plombe sur le film de polyéthylène, aux premiers balbutiements du printemps, nous oublions déjà les rigueurs de l'hiver en soignant nos jeunes plants.

Notre production a plusieurs facettes. Certains de nos plants sont destinés à produire leurs fruits dans la serre. Plantés tôt au printemps, ils nous donnent tomates, concombres, laitue, poivrons, etc., un bon mois avant ceux qui poussent au potager.

Pendant la croissance "abritée" de ces légumes, nous "partons" des plants destinés au potager extérieur et des fleurs annuelles qui orneront tout au long de l'été les boîtes à fleurs et le parterre entourant la maison. Ces plants seront transplantés en pleine terre à la mi-juin, parfois avant, quand tout danger de gel sera passé.

Durant l'été, les plantes d'intérieur viennent faire une cure d'embellissement dans la serre. C'est le moment de l'année où elles emmagasinent tout le soleil dont elles auront besoin pour traverser les saisons sombres.

Quand elles réintègrent leurs quartiers d'hiver, l'automne, déjà, avance à grands pas. Mais le potager n'a pas encore donné tous ses fruits. Le temps manque ; le froid nous gagne. Afin de prolonger la saison des légumes frais, nous ramenons certains plants du potager dans la serre qui les a vus naître, ce qui leur permettra de rendre à terme leurs fruits.

Ainsi s'achève notre saison de culture. Elle aura duré six mois.

UN PEU DE RIGUEUR, S'IL VOUS PLAIT

Peu importe l'envergure de vos propres projets de culture et le temps que vous consacrerez à votre travail de serre, attendez-vous à en voir de toutes les couleurs. Mais ne vous affolez pas : en serre, comme dans la vie, il y a une solution à chaque problème. Et gardez toujours à l'esprit que rien n'est possible sans une bonne dose de précision et de minutie. Dans la culture en serre, la rigueur s'impose. Il n'y a pas de place pour le travail "à la mitaine" !

A ce propos, laissez-moi vous raconter une petite expérience personnelle qui prouve que la culture en serre peut être une aventure qui tourne mal si on la traite à la légère.

Il y a trois ans, Pierre et moi faisions nos premières armes en culture en serre. Après plusieurs mois de travail minutieux, nous attendions impatiemment nos premières tomates.

Les plants croissaient, les bourgeons floraux apparaissaient, les petites tomates voyaient le jour. Consciencieusement, nous suivions tous les principes indispensables à la bonne marche de notre culture.

Puis le temps se gâta : les pluies se multiplièrent, le soleil n'était plus au rendez-vous. Impuissants, nous regardions se faner un plant, ici et là. Les feuilles jaunissaient, se recroquevillaient, puis tombaient.

On appela le médecin au chevet de nos petits plants chétifs. L'agronome de la région, spécialiste de la culture en serre, examina la situation : "Je vous félicite, lanca-t-il, pince-sans-rire, vous avez ici un échantillonnage des plus beaux spécimens de carence que j'aie jamais vus. Pour tout dire, la gamme est complète."

Il nous remit tout de même une prescription qu'il nous enjoignit de suivre à la lettre, nous donnant l'assurance que nos plants retrouveraient bientôt leur santé et leur vitalité.

Un petit peu d'azote ici, un petit peu de phosphore là. Moins d'eau, plus d'air. "Découpez des trous dans le polyéthylène si le ventilateur ne suffit pas" conseilla-t-il en partant.

Plus ou moins crédules, nous nous sommes remis à l'ouvrage. Le miracle ne tarda pas. Les plants grandissaient à vue d'oeil. Les troncs prenaient de la force. Les feuilles retrouvaient leur beau vert.

N'allez pas croire que toutes les carences sont disparues comme par enchantement. Plusieurs fruits ont porté les stigmates des faiblesses que nous n'avions pas traitées à temps.

Mais cette petite expérience nous a fait comprendre qu'une serre est un laboratoire où tous les éléments sont mesurés, quantifiés, équilibrés en vue de donner les meilleurs rendements. Le succès d'une culture dépend précisément du respect de règles savamment élaborées. C'est là ce qui différencie la culture abritée de celle à ciel ouvert, sans cesse à la merci des gelées ou des brûlures, des vents furieux, des bestioles ou des rongeurs, autant d'éléments qui font disparaître impitoyablement des heures, des jours, des semaines de travail.

1. La culture en pleine terre

Vous avez l'intention de cultiver en pleine terre dans votre serre. C'est possible mais il vous faudra apporter un grand soin à la préparation du sol.

En milieu abrité, le sol sert de support à la plante. Votre succès dépend donc de l'équilibre du sol, de sa stabilité, de son aération et de sa perméabilité. Le sol doit en outre fournir à la plante tous les éléments minéraux indispensables à son développement.

COMMENT PREPARER VOTRE SOL

Votre serre se dresse dans un coin de la cour arrière qui n'a jamais été cultivé. Ce sol, en friche, ou gazonné, exige un sérieux travail physique. Si vous comptez cultiver au printemps, attendez que le sol soit complètement égoutté avant de travailler la terre; quand la glaise reste collée aux instruments, cela signifie qu'il est encore trop tôt pour effectuer les opérations d'assouplissement de la terre. Dès que possible, bêchez à l'aide d'une bêcheuse rotative; il faut déchiqueter la terre, la laisser sécher puis la bêcher à nouveau jusqu'à ce que les racines soient sorties de terre. Répétez l'opération tant et aussi longtemps que toutes les racines et les mauvaises herbes

Bêchez le sol tant que toutes les racines ne sont pas sorties de terre. D'accord, c'est forçant. Mai n'est-ce pas une belle occasion de développer les muscles de votre grand adolescent "dégingandé" ?

ne seront pas arrachées. On doit enlever tous les cailloux et les pierres qui sortent de terre, et briser les mottes de terre qui apparaissent en surface. Cette dernière opération ne sera pas possible, rappelons-le, si le sol est imbibé d'eau (surtout s'il s'agit d'un sol argileux et lourd).

Dans le cas d'un terrain en gazon, on procède de la même façon pour l'ameublir. Il est très important de faire disparaître cette pelouse avant qu'elle ne verdisse.

Si le temps presse et que vous n'arrivez pas à assécher le sol, chauffez la serre. Vous sauverez un temps précieux.

LA COMPOSITION DU SOL

Pour bien comprendre l'importance de ce travail préparatoire, il importe d'analyser la structure du sol, formé d'une foule de particules liées entre elles : sables grossiers, sables fins, limons grossiers, limons fins, argiles.

Les sables grossiers sont des éléments de division. Ils favorisent la perméabilité du sol à l'air et à l'eau. Ils ont en outre une faible capacité de rétention d'eau. Ces grains, plus ou moins grossiers, sont visibles à l'oeil nu. Si on écrase le sable entre le pouce et l'index, on le sent rude, abrasif. Sec, il coule entre les doigts. Humide, il n'est pas très plastique.

Les sables fins et les limons sont des éléments de compacité, d'asphyxie. Cet inconvénient disparaît quand l'argile est présente car il y a alors floculation, c'est-à-dire coagulation des éléments en flocons. Au toucher, le limon est plus onctueux que le sable, même fin. Quand il est humide, il semble moins plastique que l'argile. Une fois desséché, il durcit moins que l'argile.

Les argiles constituent la fraction la plus fine. Elles supportent une part importante des réserves nutritives du sol. L'argile est une substance plastique très avide d'eau. Elle est liante et acide, ce qui fait que les sols argileux, privés de calcaire, sont de tendance acide. Sèche, l'argile forme des agrégats très durs qu'on ne peut pas écraser avec les doigts. Il devient très plastique et adhère aux doigts dès qu'il est humide.

Reste l'humus, cette matière noirâtre, formée dans le sol par la décomposition des débris organiques sous l'action combinée de l'air, de l'eau et des micro-organismes du sol. L'humus, comme l'argile, est une substance liante, acide, susceptible de se joindre aux bases pour donner des sels.

COMMENT DETERMINER
LA TEXTURE DU SOL

Ces quelques renseignements sur la composition du sol devraient vous permettre de déterminer à quel type de sol vous avez affaire afin de l'amender, si nécessaire.

La méthode que je vous propose n'est pas scientifique. Elle permet néanmoins de classer votre sol de façon suffisamment précise. On confectionne une boulette avec un peu de sol et d'eau. Si l'on n'arrive pas à flétrir une boulette cohérente, cela signifie que la texture du sol est sableuse. Par contre, si la boulette se tient bien quand on la laisse tomber, la terre a une texture fine.

COMMENT AMELIORER
LA TEXTURE PHYSIQUE

Pour améliorer la texture physique du sol, il faut l'amender, le bêcher encore et encore, le biner et le rouler. La bêcheuse rotative est ici l'instrument quasi indispensable, surtout si votre serre domestique a presque la taille d'un véritable potager extérieur. Afin d'assurer un meilleur drainage, on recommande de vérifier la porosité du sol. Il n'est pas nécessaire d'installer des drains; il suffit parfois de tracer des rigoles dans le pourtour extérieur de la serre. L'eau empruntera ces rigoles et sera drainée hors de la serre dans un fossé ou une décharge.

Voilà pour l'amélioration physique du sol. Cela demande un travail patient et des efforts physiques qui, somme toute, ressemblent à ceux fournis lors de la préparation du potager extérieur. Votre objectif devrait être de parvenir à disposer du sol le plus souple et le plus fin qui soit. Cela facilite le travail.

L'AMENDEMENT CHIMIQUE DU SOL

L'amélioration physique du sol de la serre ne suffit pas à rendre la terre apte à nourrir tous les plants qu'elle accueille. Il peut même arriver qu'un sol fin et facile à travailler soit affreusement pauvre. Il faut donc songer à l'amélioration chimique du sol. C'est ce qu'on appelle la fertilisation.

Toutes les cultures, et plus particulièrement celles qui demeurent longtemps dans le sol, comme par exemple les tomates, demandent une nourriture abondante et renouvelée.

Beaucoup de gens sont partis en guerre contre l'addition dans la terre de culture d'engrais chimique, estimant que l'on détruit ainsi l'équilibre naturel du sol. A ce chapitre, beaucoup de critiques peuvent sembler fondées. Mais au point où en sont les connaissances, en ce qui a trait à la culture en serre, il paraît difficile de se passer d'engrais chimiques. Ici comme ailleurs, il faut éviter les abus et l'un des moyens de le faire consiste à faire analyser son sol régulièrement. Ainsi, nous ne procédons pas à l'aveuglette, au moment de la fertilisation de nos légumes.

D'ailleurs, les fertilisants dont on gave la terre n'ont pas pour unique but d'accélérer la croissance des plants et d'en multiplier le rendement. Ce sont d'abord et avant tout des éléments nutritifs indispensables au développement normal des plants. Les plantes sont des êtres vivants et, comme tous les êtres vivants, elles doivent manger pour vivre. Si ce dont elles raffolent ne se trouve pas dans la terre, il faut l'y mettre !

COMMENT SE NOURRISSENT LES PLANTES

L'univers compte en tout 104 éléments chimiques. De ce nombre, la croissance des plantes en requiert seulement 15. Ce sont le carbone (C), l'oxygène (O), l'hydrogène (H), l'azote (N), le phosphore (P), le potassium (K), le calcium (Ca), le magnésium (Mg), le soufre (S), le fer (Fe), le manganèse (Mn), le zinc (Zn), le bore (B), le cuivre (Cu) et le molybdène (Mo).

Ces 15 éléments sont utilisés par les plantes pour fabriquer leur propre subsistance. On appelle photosynthèse et métabolisme les deux procédés par lesquels les plantes se nourrissent.

Les plantes obtiennent le carbone et l'oxygène dont elles ont besoin sous la forme de bioxyde de carbone (CO_2). Elles reçoivent l'hydrogène et l'oxygène de l'eau qu'elles absorbent par leurs racines et tous les autres éléments leur viennent du milieu dans lequel elles poussent.

Par la fertilisation, on fournit aux végétaux une ration balancée d'éléments minéraux qui leur permettra de croître normalement.

Même si les quantités nécessaires varient, chaque élément est absolument essentiel. Les plantes doivent bénéficier d'une diète équilibrée de tous les éléments, selon leurs besoins respectifs. L'absence de l'un ou l'autre élément fait naître des déficiences et conduit parfois à la mort des plantes. C'est pourquoi les horticulteurs ont mis au point des cédules de fertilisation adaptées à chaque plante. Ces programmes de nutrition tiennent compte des besoins des végétaux et des conditions particulières de la culture en serre.

UN SOL FERTILE :
LE SUPPORT DE LA PLANTE

Un sol fertile agit comme le support de la plante. Il permet à l'air de circuler et maintient les racines en bonne santé. En effet, les racines des plantes exigent de l'oxygène et elles absorbent les éléments nutritifs seulement dans un milieu où elles peuvent bien respirer, quand le pH et le taux d'acidité sont convenables.

Le sol fournit à la plante les éléments nutritifs qui graduellement sont convertis sous forme soluble. Les réserves nutritives varient selon les types de sol. Un sol lourd et argileux contient une réserve presque illimitée de potassium alors qu'un sol sablonneux n'en contient que très peu. Voilà pourquoi il faut pallier aux carences du sol dans lequel on cultive.

Enfin, tous les types de sol finissent par épuiser leurs réserves nutritives après plusieurs cultures. On remplace les éléments manquants par la fertilisation.

LES ELEMENTS LES PLUS POPULAIRES

Les éléments minéraux majeurs les plus en demande sont l'azote, le phosphore, le potassium, le calcium et le magnésium. Heureusement, la plupart des sols contiennent suffisamment d'éléments mineurs pour que le jardinier n'ait pas trop à s'en soucier.

L'azote est nécessaire à la croissance de la plante. Ainsi, la tomate demande son maximum d'azote quand la récolte des premiers fruits débute. Par contre, si la plante reçoit trop d'azote, on assistera à une mauvaise fructification et elle souffrira de certaines maladies physiologiques telles que le craquelage, la bouffissure, la pourriture apicale et une maturation inégale du fruit.

Le **phosphore** est indispensable à la formation d'un bon système radiculaire, ce qui permet à la plante de puiser dans le sol les éléments nutritifs nécessaires à son développement. Il est particulièrement nécessaire au cours de la première partie du développement.

Le **potassium** est non seulement nécessaire pour obtenir des rendements élevés mais il affecte également la qualité des fruits. Il faut cependant éviter que le sol soit trop riche en cet élément à cause de l'interaction potassium/magnésium. Ainsi, lorsque le sol contient un niveau élevé de potassium, la plante absorbe plus difficilement le magnésium même si ce dernier est en quantité suffisante.

Le **calcium** est l'un des composants des parois cellulaires de la plante; il joue un rôle multiple dans le métabolisme des végétaux. Il neutralise les acides organiques qui pourraient devenir toxiques.

Le **magnésium**, enfin, entre dans la composition de la chlorophylle et aide à l'absorption et à la migration du phosphore.

LES CARENCES

Un plant malade ou déficient en éléments minéraux est facilement repérable. Son feuillage jaunit, sa tige est picotée, son allure flétrissante. Le problème est de déterminer de quelle carence il souffre. Voici quelques indices qui ne trompent généralement pas.

Carences	Symptômes
Azote	Feuillage vert pâle et croissance retardée. Les feuilles du bas, plus pâles que celles du haut, deviennent jaunes, tournent au brun clair mais ne tombent pas.
Phosphore	Feuillage vert foncé et croissance retardée. Les feuilles jaunissent entre les veines. Le dessous des feuilles prend une couleur pourpre, les feuilles tombent.

Ces carences en azote et en phosphore se manifestent sur toute la plante quoique les vieilles feuilles (celles du bas) soient les plus affectées.

Potassium	Les vieilles feuilles sont marbrées. Le jaunissement commence à la marge des feuilles et continue vers le centre. A un stade plus avancé, la marge des feuilles devient brune (nécrose) et s'enroule vers le bas. Les vieilles feuilles atteintes tombent.
Magnésium	Les vieilles feuilles jaunissent mais les veines demeurent vertes. Le bord des feuilles s'enroule vers le bas ou vers le haut. La feuille prend une apparence ridée. La surface jaune entre les veines brunit très rapidement (en moins de 24 heures).

Ces effets sont principalement localisés sur les feuilles intermédiaires.

Manganèse	Les feuilles jaunissent mais les veines demeurent vertes. On remarque des taches brunes sur toute la surface de la feuille. Apparence de damier produite par toutes les petites veines qui demeurent vertes sur un fond jaune. Floraison pauvre.

Fer	Les feuilles jaunissent mais les veines demeurent vertes. On n'aperçoit pas de taches brunes, sauf dans les cas extrêmes, où le brunissement apparaît à la pointe et aux marges des feuilles. Les feuilles les plus jeunes sont les premières atteintes : elles jaunissent et deviennent presque blanches. Seules les plus grosses veines demeurent vertes.
Soufre	Les veines jaunissent avant le reste de la feuille. Quelques taches brunes apparaissent.

S'il y a carence en manganèse, en fer ou en soufre, le bourgeon terminal demeure intact. Les effets sont localisés sur les jeunes feuilles, c'est-à-dire celles du haut.

Calcium	On remarque le brunissement des marges et de la pointe des jeunes feuilles. La pointe des feuilles se recourbe. Les racines brunissent et meurent.
Bore	La base des jeunes feuilles se désagrège. Les tiges et les pétioles deviennent cassants. La pointe des racines brunit.

Quand il y a carence en calcium ou en bore, le bourgeon terminal meurt.

LES ENGRAIS COMMERCIAUX

Sur le marché, on trouve des engrais simples ou composés. On connaîtra la composition du fertilisant en lisant l'étiquette du produit commercial. Par exemple, si vous lisez 10-52-17, cela signifie que le produit contient 10 p. 100 d'azote, 52 p. 100 de phosphate et 17 p. 100 de potassium.

L'ADDITION DE MATIERES ORGANIQUES

Tout le monde s'accorde pour vanter les mérites du fumier, du compost formé de feuilles mortes, de débris végétaux et de déchets de table, et de la tourbe horticole en culture légumière. Ce sont des matériaux organiques qui améliorent la structure du sol et fournissent des éléments nutritifs dont bénéficient les plantes. Si vous êtes partisan de la culture organique et que vous condamnez l'usage des engrais chimiques, n'hésitez pas, fertilisez avec le fumier.

Le fumier

Le fumier coûte cher parce qu'il est de plus en plus difficile à trouver. En plus de contenir des éléments mineurs importants, il est riche en azote, phosphore et potassium. Sa présence favorise une meilleure rétention de l'eau.

De tous les fumiers, celui des volailles est le plus riche en azote et en phosphore. Il faut en étendre beaucoup moins que celui de vache, nettement moins intéressant mais tellement plus facile à trouver.

Le fumier de mouton est le fertilisant le plus recherché pour la culture des légumes car il est beaucoup plus riche que celui des vaches et des chevaux. Reste le fumier des porcs, plus intéressant que les deux derniers mais qu'on néglige actuellement au profit du fumier de mouton.

Il est préférable d'étendre le fumier à l'automne à l'aide d'une bêcheuse rotative. Il faudra le conserver dans un abri jusqu'à ce qu'il soit pourri complètement. Afin d'éviter une perte d'éléments nutritifs, on doit recouvrir soigneusement l'abri.

Le compost

Au lieu de brûler les feuilles mortes d'automne et de contribuer ainsi à polluer votre environnement, pourquoi ne pas ramasser ces feuilles et les déchiqueter ? Elles contribueront à fabriquer un compost.

Le compost est un engrais organique qui corrige la texture du sol et le rend plus fertile. Il est composé de feuilles mortes, de tiges de plantes annuelles retirées du sol à la fin de l'été, de débris de culture et de déchets de table. Tous ces éléments sont réunis en tas où ils se décomposent lentement.

Comment fabriquer le compost ? Construisez un enclos en treillis métallique de manière à permettre une circulation de l'air suffisante. L'enclos devra être situé à l'ombre afin que le compost ne s'assèche pas sous l'effet du soleil.

Déposez tous les débris organiques mentionnés plus haut au fond de l'enclos sur une épaisseur de deux pieds. Ajoutez du 6-9-6, engrais chimique que l'on trouve sur le marché. Arrosez généreusement et recommencez le processus. Recouvrez le tas de compost d'un polyéthylène.

La tourbe horticole

Tout le monde ne peut pas se permettre d'avoir un tas de fumier en décomposition au fond de sa cour. Et la fabrication du compost peut vous paraître fastidieuse. C'est pourquoi bon nombre de jardiniers optent pour la tourbe horticole, vendue sur le marché.

La tourbe horticole sert de correctif aux sols trop légers ou trop lourds. Mais elle ne fournit à peu près pas d'éléments nutritifs aux plantes. Elle agit presque essentiellement sur la texture physique du sol. On l'enfouit dans la terre à deux pouces de profondeur. C'est là qu'elle se décompose lentement.

L'ANALYSE DU SOL DE SERRE

Le ministère de l'Agriculture du Québec offre un service d'analyse de sol de serre. La procédure à suivre est simple. Dans un sac de plastique, placez une poignée de terre, prélevée à 8 pouces (20 cm) de profondeur en divers points de la serre.

Sur une feuille accompagnant l'échantillon, mentionnez votre nom, votre adresse ainsi que le genre de culture que vous faites. Envoyez le tout au Laboratoire des sols, La Pocatière, Québec, G0R 1Z0. Grâce à cette analyse, vous connaîtrez le pH du sol, le pourcentage de matière organique, le taux de salinité ainsi que le contenu en phosphore, en potassium, en magnésium et en calcium du sol. Le Québec est divisé en 10 zones agricoles, chacune ayant un bureau régional. Le résultat de votre analyse de sol sera acheminé vers le bureau dont vous relevez selon la région où vous habitez et l'agronome responsable de la culture maraîchère étudiera ces résultats avant de vous faire parvenir ses recommandations quant aux besoins de votre sol. Il vous suggérera une cédule de fertilisation.

LE CONTROLE DU pH

La réaction des sols exprime leur état d'acidité ou de basicité. Elle est évaluée par le pH. Le sol est d'autant plus acide que le pH est bas. Et plus le pH est élevé, plus le sol est basique.

Le contrôle du pH est de première importance dans la production des légumes de serre. Si le pH du sol n'est pas adéquat, la plante aura plus de difficulté à absorber les éléments nutritifs, même si ceux-ci sont en quantité suffisante.

Le pH idéal pour la production de légumes de serre se situe entre 6,5 et 7,0. De façon générale, les sols du Québec sont acides. Si le pH de votre serre est inférieur à 6,5, étendez de la chaux hydratée, de la chaux dolomitique ou de la chaux calcique. Plus le sol est lourd, plus il commandera de fortes applications de chaux pour rendre le pH neutre.

LA SALINITE

Parlons maintenant de la salinité du sol. L'emploi d'engrais complètement assimilables, comme les engrais commerciaux généralement utilisés sur les fermes, favorise l'accumulation de sels dans le sol. Un manque d'irrigation augmente la concentration des sels au niveau des racines des plantes. L'analyse du sol vous renseignera sur le degré de salinité de votre sol. Elle vous préviendra en outre si votre sol nécessite un lessivage. Tous les engrais contribuent à augmenter le contenu en sel, principalement les nitrates, l'élément le plus dangereux, l'ammonium, les phosphores, le potassium, le calcium, le magnésium, les sulfates, les chlorures, etc.

Dans un sol où la salinité est excessive, les plantes

ont du mal à absorber l'eau et les éléments nutritifs, ce qui occasionne fréquemment le flétrissement des plants, surtout par temps ensoleillé.

LE LESSIVAGE

Le lessivage a pour but d'entraîner en profondeur les excédents de sels solubles et de les évacuer par drainage hors de la serre. On lessive le sol de la serre après une production, soit au milieu ou à la fin de l'été. Comment procéder ? On arrose le sol de façon prolongée. Prenez soin de régler le débit de sorte que l'eau ne s'accumule pas en surface. Le travail sera facilité si le sol a été préalablement ameubli, puis raffermi.

Naturellement, un sol lessivé perd une partie des éléments les plus solubles qu'il contenait. Il est alors déséquilibré. Avant d'entreprendre une nouvelle culture, il convient de l'amender en tenant compte des faiblesses relevées dans l'analyse du sol.

FAITES LE PLAN DE VOS CULTURES

Votre sol est prêt. Vous pouvez maintenant semer vos graines ou transplanter vos petits plants en pleine terre. Mais avant de tracer les sillons, faites le plan de votre serre et choisissez l'emplacement de chaque culture en tenant compte des besoins de chacune. Ainsi, plaçez les plants de tomates et de concombres là où la serre atteint sa hauteur optimum, car ces plants grimpants auront tôt fait de rejoindre le sommet. Les plants de concombres ont besoin de plus de chaleur; gardez-les plus près de la fournaise. La laitue reste basse et réclame beaucoup moins de chaleur. Elle poussera très bien au périmètre intérieur de la serre ou encore au pied des plants de tomates. Prévoyez des espaces ensoleillés pour placer les tables ou tablettes sur lesquelles vous placerez vos autres semis de légumes ou de fleurs destinés au potager extérieur.

Comme on le fait dans le cas d'un potager extérieur, il faut préparer un plan de culture dans la serre. A l'intérieur comme à l'extérieur, tout pousse, du poireau mince et élancé à la courge spaghetti, qui réclame toujours plus d'espace.

2. La culture en caissettes et en pots

Dans une serre, vous pouvez pratiquer la culture au sol, comme nous venons de le voir ensemble. Mais certains parmi vous voudront plutôt se servir de leur serre pour la préparation de plants destinés au potager extérieur, de fleurs ou de plantes vertes. C'est ce qu'on appelle la culture en caissettes, qui se pratique non pas au sol mais bien sur des tables. Ici, le sol de la serre n'a plus d'importance. Vous pouvez même le recouvrir de trois pouces de gravier afin de faciliter votre travail.

Dans la culture en caissettes, le point névralgique réside dans la confection d'un bon terreau. Le terreau, c'est le lit de vos plants; c'est aussi leur mère nourricière. Il est à la culture en caissettes ce que le sol est à la culture en pleine terre. Si votre terreau n'est pas sain et équilibré, vos plantules en souffriront. Vous aurez alors à lutter contre la maladie par excellence qui guette la jeune plante : la terrible fonte des semis qui, comme la peste dans la fable sur les animaux malades, répand parfois la "terreur" chez le jardinier.

Dans bien des cas, le responsable de la fonte des semis est le terreau trop compact ou, au contraire, trop léger. Mais dans les deux situations, la fonte du semis, attribuable à des problèmes d'arrosage, se manifeste de

Dans une mini-serre où l'on travaille sur table, les fleurs, les plantes vertes et les plants de légumes destinés au potager extérieur se côtoient. Sous les tables, disposez les plantes qui réclament moins de soleil.

façon identique : les plantules, à peine levées, meurent les unes après les autres. C'est déprimant !

La fonte des semis est une maladie fongique qui se développe souvent avant l'émergence des plantules : les racines pourrissent. Quand elle se manifeste après la sortie de terre des plantules, c'est la tige qui pourrit. La maladie se présente sous la forme d'une tache creuse et brune qui étrangle la tige. Celle-ci s'affaiblit et se renverse sur le côté.

Il arrive même que la fonte des semis se manifeste plus tard, après le repiquage et même après la transplantation, ce qui est encore plus déprimant car on doit repartir à zéro.

Un terreau infecté et aussi des graines malsaines peuvent être responsables de la fonte des semis.

UN TERREAU FRIABLE

Voyons donc quelles sont les précautions à prendre pour obtenir un terreau idéal, à l'épreuve des maladies.

Un terreau à semis doit être friable et le demeurer même après plusieurs arrosages. Il ne doit surtout pas être pollué par les herbicides. Rappelez-vous que les plants germent inégalement quand le mélange qui compose le terreau est lui-même inégal.

On peut acheter des mélangeurs à terreau chez les marchands spécialisés dans les accessoires de jardinage. Ces mélangeurs permettent d'obtenir un terreau uniforme, impossible à la pelle.

Le plus simple, c'est d'acheter un terreau préparé industriellement. Ça peut toutefois devenir onéreux si vous préparez beaucoup de semis. Alors, pourquoi ne pas le préparer vous-même ? Voici une recette toute simple : 2 parties de terre franche (ou terre de jardin), une partie de mousse de tourbe (*peat moss*) et une partie de sable.

Les serriculteurs professionnels ajoutent à ce mélange deux livres par verge cube de superphosphate 20 p. 100 (P_2O_5) et une livre par verge cube de carbonate de calcium. Lors du repiquage, ils utilisent la même formule en diminuant du tiers la quantité de sable grossier et en ajoutant deux livres de corne en poudre (13 p. 100 N) et une livre de sulfate de potassium (45 p. 100 K_2O).

Certaines matières premières sont parfois difficiles à trouver. Je vous suggère alors un mélange moins compliqué mais tout aussi exempt de maladies que le premier. Suivez la recette qui suit : 50 p. 100 en volume de tourbe, 50 p. 100 en volume de vermiculite, 2 livres par verge cube de superphosphate et 3 livres par verge cube de pierre à chaux dolomitique. Les agronomes insistent sur le fait que la fertilité de ce mélange n'est pas prolongée. Il faut donc injecter dans l'eau d'arrosage de l'engrais chimique 20-20-20.

Dans les caissettes, mettez un peu de mousse de sphaigne ou des morceaux de gravier dans les espaces qui assurent le drainage.

DES SEMENCES EN BONNE SANTE

A l'oeil, les semences, qu'elles soient pures ou impures, se ressemblent. Rien ne vous dit si elles sont saines ou non. Le consommateur n'a d'autre choix que de se fier au grainetier qui l'approvisionne. Voilà pourquoi il faut choisir un marchand qui jouit d'une solide renommée.

Seules sont vendues légalement les semences dont l'enveloppe porte certains renseignements précis : le nom de la variété, le pourcentage de germination et les traitements qu'on a fait subir aux graines, s'il y a lieu.

Evitez de semer les graines que vous n'avez pas utilisées l'année précédente. Il est fortement recommandé de ne jamais réutiliser un terreau qui a déjà servi lors de cultures antérieures. La qualité des légumes que vous récolterez s'en ressentira.

Les différentes graines que l'on trouve sur le marché, aussi bien à l'épicerie qu'à la quincaillerie, conviennent pour faire des semis destinés au potager extérieur. Mais si vous cultivez des légumes dans votre serre, adressez-vous plutôt à un grainetier et demandez des semences expressément préparées pour la culture en serre.

TRAITEMENT A L'EAU CHAUDE

Pour plus de précautions, il est bon de faire subir aux semences un traitement qui les désinfectera. Cette mesure devient inutile quand il est stipulé sur l'enveloppe que les graines ont déjà été désinfectées.

Le traitement est simple : placez les graines dans un sac de coton à fromage à moitié rempli. Faites tremper le sac dans l'eau à 122º F (50º C) pendant 25 minutes en agitant pour mieux répartir la chaleur.

Si les graines doivent être semées dans les jours suivants, on peut les faire tremper dans une eau atteignant 130º F (54º) pendant 25 minutes. Après le traitement, étendez bien les semences pour les faire sécher.

ATTENTION AUX MALADIES A VIRUS!

Le traitement suivant est particulièrement efficace contre les maladies à virus, comme la mosaïque.

La veille ou l'avant-veille du jour prévu pour les semis, faites tremper les graines dans une solution de phosphate trisodique (12 onces par gallon d'eau) pendant 15 minutes. Rincez ensuite les graines à l'eau tiède, et faites-les sécher en les étendant sur une table dans un endroit sec.

Pour les serres aux dimensions réduites, ou les patios, on a créé
une variété de tomate hybride adaptée à la croissance en pots, en
bacs ou autres espaces limités. Il s'agit de la Tomate hybride
patio, n° 902, en vente chez W.H. Perron.

Une drôle de bonne façon d'économiser de l'espace : semez en panier suspendu un plant de tomates tout petit qui donne des fruits gros comme des balles de ping-pong. Le plant qu'on voit ici est une tomate toy boy, n° 905, disponible chez Perron.

L'APPORT DES FONGICIDES

Le fongicide est une substance chimique qui détruit les champignons parasites. Les spécialistes ont mis au point un traitement fongicide qui élimine tout risque de fonte des semis relié à la condition des graines. Ce traitement au Thirame, Chloranil ou Captan suit l'une ou l'autre des méthodes de désinfection mentionnées précédemment. Les manufacturiers recommandent de suivre rigoureusement les instructions inscrites sur l'étiquette.

DEFENSE DE FUMER

Il est strictement interdit de fumer dans une serre. La santé de vos plantes en dépend. L'un des ennemis les plus féroces en serre s'appelle "Mosaïque du tabac". Commencez dès le temps des semis à respecter cette consigne. Exigez également que vos visiteurs éteignent leurs cigarettes avant d'entrer dans la serre. Les fumeurs, de même que tous ceux qui manipulent le terreau, les graines ou les plants doivent se laver les mains au savon avant de se mettre au travail.

LES DIFFERENTS CONTENANTS

Votre terreau est équilibré, vos semences sont saines. Il faut maintenant s'occuper des contenants.

Les semis se font en caissettes, ou en pots. Depuis quelques années, les pots deviennent de plus en plus populaires. Leur usage permet de sauver du temps puisque la croissance des plants n'est pas retardée par le repiquage. Ils coûtent toutefois plus chers que les caissettes.

Actuellement, on trouve une gamme infinie de contenants sur le marché.

Les pots en terre cuite

Parlons d'abord des traditionnels pots de terre cuite. Bon nombre de professionnels et d'amateurs les abandonnent. Ils sont lourds et difficiles à nettoyer. Ils possèdent toutefois un avantage sur les autres types de contenants : ils sont réutilisables.

Les pots en plastique

Les pots en plastique ne constituent décidément pas un bon achat. Ils sont trop dispendieux. Comme les pots de terre cuite, on peut les utiliser à plusieurs reprises mais ils sont très difficiles à laver. Ces pots présentent un inconvénient majeur : ils conservent l'humidité à l'intérieur.

Les pots de papier pressé

De conception plus récente, les pots de papier pressé sont légers, faciles à manier; on les trouve reliés en série (soudés les uns aux autres) ou individuels. Ils sont poreux, ce qui permet un bon drainage et une excellente aération des racines. Bien sûr, ils ne sont pas réutilisables. De cette façon, on ne risque pas de permettre aux maladies de se propager.

Les pots de papier pressé comportent un avantage sur tous les autres contenants : lors de la transplantation de la plantule en pleine terre, le pot est enfoui dans le sol avec le plant. Cela permet une économie de temps pour le jardinier et assure au plant une croissance qui ne sera pas ralentie par le choc de la transplantation et la période normale d'adaptation à un nouveau milieu. Il ne faut pas oublier de briser le fond du pot de papier pressé avant de l'enterrer lors de la transplantation, afin de donner aux racines la chance de s'étendre.

Assurez-vous aussi que le pot est complètement enterré, sans quoi le sol ambiant s'asséchera. Le papier pressé agit exactement comme une mèche de lampe.

Les blocs de fibre ou de compost pressé

Il existe deux types de pot de fibre ou de compost pressé. Le premier peut être utilisé tel qu'il est au moment de l'achat, tandis que le second doit être trempé dans l'eau pendant quelques minutes afin qu'il gonfle.

Ces blocs sont légers, propres, faciles à utiliser. Comme les pots de papier pressé, ils ne peuvent pas être réutilisés et, par conséquent, il n'y a aucun risque de propagation des maladies.

3. Les semis

D'ABORD, STERILISEZ VOS OUTILS

Avez-vous stérilisé vos instruments ? C'est une opération indispensable si vous voulez vous éviter des problèmes. L'arrosoir, les gants de jardin, la truelle, la herse et la fourchette à jardin, tout doit y passer.

Comment procéder ? En plongeant vos outils dans un bassin contenant une partie d'eau de javel concentrée pour trois parties d'eau. La même opération s'effectue avec de l'Ajax liquide non dilué ou encore du Kem-Germ à raison de 5 onces par gallon d'eau.

QUAND SEMER

Les semis de légumes et de fleurs se font généralement à la fin de mars et durant la première quinzaine d'avril. Le moment exact dépend de l'espèce et aussi de la variété. Les graineteurs indiquent sur l'enveloppe la date de semis; il faut suivre les indications suggérées sur l'étiquette.

L'expérience acquise vous permettra l'année suivante de mieux planifier votre cédule de semis. Aussi, il est avantageux de noter jour après jour l'évolution des plantules, de la plantation à l'âge adulte. Vos observations vous seront d'un grand secours par la suite puisque vous connaîtrez mieux les besoins de certains légumes par rapport aux autres.

COMMENT SEMER

Le moment est venu de mettre les graines en terre. Remplissez les caissettes à semis ou les pots aux 3/4 avec le mélange de terreau préparé et désinfecté. Ajoutez sur le mélange 1/2 pouce (1,27 cm) de vermiculite. Nivelez et pressez légèrement avec un petit morceau de bois.

A l'aide d'un crayon, on trace ensuite des sillons sur le dessus du terreau en conservant un espace de deux pouces (5 cm) entre chaque sillon. Quant à la profondeur, elle ne devra pas excéder 1/2 pouce (1,27 cm).

Quand les semences sont bien en place dans les sillons, recouvrez-les d'une légère couche de vermiculite sèche. Puis arrosez les sillons avec un jet à brume afin de ne pas déplacer les semences. Pour mieux conserver l'humidité, recouvrez votre caissette ou pot d'un film de polyéthylène qu'il faudra retirer quand les plantules émergeront.

Pendant les premiers jours, les semis n'ont pas besoin de lumière. Laissez-les dans la pénombre ou l'obscurité durant toute la période de germination. Dès qu'apparaissent les premières feuilles, soit 10 à 15 jours plus tard, selon les espèces, exposez-les à la lumière.

SOINS A DONNER AUX JEUNES PLANTULES

Lumière, température, humidité, niveau de CO_2, fertilité du terreau. Tels sont les facteurs qu'il faut surveiller étroitement si l'on veut assurer une saine crois-

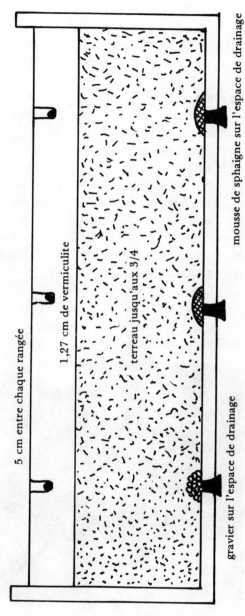

5 cm entre chaque rangée

1,27 cm de vermiculite

terreau jusqu'aux 3/4

mousse de sphaigne sur l'espace de drainage

gravier sur l'espace de drainage

sance aux jeunes plantules. La période allant de la germination à la transplantation constitue la phase la plus critique.

La lumière

Comme nous venons de le mentionner, la jeune plantule n'a pas besoin de lumière jusqu'à sa sortie de terre. Mais dès qu'elle apparaît, on doit l'exposer à la lumière.

Naturellement, les semis hâtifs, c'est-à-dire ceux qui sont faits en décembre ou janvier, souffrent du peu de lumière naturelle qu'ils reçoivent chez nous en ces mois du début de l'hiver. Ceux qui ont tenté l'expérience des semis hâtifs vous diront qu'il est préférable de semer plus tard quand les heures d'ensoleillement sont

Dès qu'apparaissent les premières feuilles, placez vos caissettes dans un endroit bien éclairé.

plus nombreuses. Les plants du début du printemps ont d'ailleurs une croissance plus rapide tout en n'étant pas dérangés par l'absence de lumière et la trop grande humidité qui s'ensuit.

La température

Pendant la germination, la température idéale se situe entre 75o et 80o F (24o et 27o C). Dès l'apparition des deux premières véritables feuilles, les plantules réclament des températures nettement plus basses. La nuit, on maintiendra une température allant de 50o à 55o F (10o à 12o C) pendant trois semaines. Ce traitement "par le froid", recommandé pour les tomates, favorise l'initiation des bourgeons floraux sur les premières grappes.

Après trois semaines de nuits fraîches, on reviendra à une température normale, soit 60o à 65o F (16o à 18o C).

Pas trop d'humidité

De pair avec un chauffage adéquat, une bonne ventilation de la serre prévient l'humidité excessive, la condensation et la stratification de l'air froid au niveau des plants. De plus, elle apporte le CO_2 nécessaire à la photosynthèse. Assurez-vous que vos plants ne manquent pas d'air.

La fertilisation

On ne fertilise pas la jeune plantule au cours des premiers jours de son existence : elle absorbe alors les éléments nutritifs que lui fournit la graine.

Dès que le besoin se fait sentir, soit après l'émergence des plantules, on commence la fertilisation du terreau. Chaque plant de légumes ou de fleurs a des besoins précis que l'on satisfera en suivant la cédule de fertilisation préparée à son intention. (Voir les chapitres consacrés aux tomates, concombres, laitues, radis et fleurs.)

Prenons le cas de la tomate. Tout de suite après l'émergence de la plantule, on arrose le sol une fois par semaine avec une solution de 10-52-17 à raison de 1/2 once par gallon d'eau. Après quatre semaines, il faudra arroser le sol avec une solution contenant une once de 10-52-17 par gallon d'eau. On conservera cette quantité de fertilisant pendant les deux ou trois semaines qui précéderont la transplantation.

Les plants qui croissent en milieu artificiel bénéficieront d'un traitement varié. On fertilisera avec du 10-52-17 une semaine sur deux, et avec du 20-20-20 l'autre semaine.

Après chaque fertilisation, rincez les plants à l'eau.

4. Les milieux artificiels

La culture en sol naturel pose certains problèmes : drainage inadéquat parfois difficile à corriger; sol infesté de virus ou déséquilibré à cause de fertilisations abusives lors de cultures antérieures, etc.

Les milieux de culture artificiels réussissent à éliminer la plupart des problèmes que l'on rencontre couramment dans la culture en pleine terre. Toutefois, cette culture hautement spécialisée ne s'adresse qu'à l'amateur bien renseigné qui manifeste beaucoup de rigueur dans son travail de serre.

LA COMPOSITION DU MILIEU

Un milieu de culture artificiel est constitué de substances inertes ou se décomposant très lentement. Ce milieu sert de support à la plante. Il doit répondre à certaines exigences. En premier lieu, il doit avoir un *bon pouvoir de rétention d'eau*, tout en étant *suffisamment aéré*. Souvenez-vous que le milieu qui retient trop l'eau engendre les mêmes problèmes que le sol mal drainé.

Idéalement, le milieu artificiel sera *le plus inerte possible*, afin de réduire les difficultés de fertilisation et d'être facilement réutilisable à deux ou trois autres reprises. D'un poids léger, ce milieu devra être physiquement uniforme.

LES CATEGORIES DE MILIEUX ARTIFICIELS

Les milieux de culture artificiels se regroupent en deux catégories :

— LA CULTURE EN HYDROPONIQUE

Le matériel de soutien des plantes est généralement le gravier ou le sable. Tous les éléments nutritifs sont appliqués en solution plusieurs fois par jour. Cette culture hautement spécialisée et d'une précision à toute épreuve n'est pas très populaire à l'heure actuelle. Son coût d'installation et d'entretien de même que ses exigences techniques en ont découragé plus d'un.

— LA CULTURE SUR MILIEU A BASE DE TOURBE, DE VERMICULITE, DE SCIURE DE BOIS OU DE BALLES DE PAILLE.

Les engrais sont incorporés au milieu lors de sa préparation, ou appliqués selon une cédule de fertilisation.

Mélange de tourbe de sphaigne et de vermiculite

Ce mélange contient une quantité égale de tourbe de sphaigne et de vermiculite. Il assure les meilleurs résultats. La tourbe rend le milieu apte à retenir l'eau tandis que la vermiculite, en plus d'être porteuse de potassium et de magnésium, possède une capacité d'échange assez élevée. Elle joue le rôle de tampon et protège le plant si par malheur il y a eu abus de fertilisants.

Pour assurer l'équilibre nutritif de ce mélange, il faut tout de même lui ajouter certains engrais indispensables. En voici la recette :

Constituant	Quantité pour une verge cube
Tourbe de sphaigne	13,5 pieds cubes
Vermiculite horticole	13,5 pieds cubes
Superphosphate 20 p. 100	2,5 livres
Nitrate de calcium	3,0 livres
FTE 503 (oligo-éléments qui se décomposent lentement	6 onces
Fer chelaté	1 once
Chaux dolomitique	10 livres

La préparation

L'opération est délicate. Les divers engrais, surtout s'ils sont présents en quantité infime, doivent être mélangés uniformément aux autres engrais. Pour ce faire, on utilise un récipient ou un sac de plastique rempli d'air qu'on brasse énergiquement.

Pour préparer le milieu de culture, étendez la tourbe de sphaigne sur une surface propre et désinfectée. Ajoutez ensuite une quantité égale de vermiculite, après quoi il faudra asperger le plus uniformément possible le mélange d'engrais préparé dans un récipient ou un sac de plastique.

Si le mélange est préparé directement dans les bacs, il faut inverser le processus : versez d'abord la vermiculite au fond du bac, puis la tourbe de sphaigne et enfin le mélange d'engrais. On mélange le tout à l'aide d'une pioche qu'on aura pris soin de recouvrir de plastique pour ne pas risquer de déchirer le bac.

Les serriculteurs professionnels se servent d'une presse pour fabriquer la motte de terreau artificiel qui accueillera la jeune plantule.

Les contenants

Les bacs auront, en général, 24 pouces de largeur et 8 pouces de hauteur. Chacun détermine la longueur du bac selon ses propres besoins et l'espace disponible.

On fabrique les bacs en plantant dans le sol, à intervalles de 8 à 10 pieds, de petits piquets de bois dont la partie extérieure au sol est de 8 pouces. A ces piquets sont clouées des languettes de bois de 1 pouce x 2 pouces x 3 pouces. Le film de polyéthylène qui forme le fond et les côtés du bac est cloué à ces languettes de bois. Pour empêcher le froid de pénétrer par le fond du bac, il faut l'isoler avec du styromousse et de la paille.

Quand le terreau artificiel est déposé dans le bac, on l'humidifie. Après l'humidification, on perfore le polyéthylène à tous les 10 pieds. Les trous sont situés à environ 1 pouce du fond, ce qui assurera un bon drainage.

Quelle quantité de terreau faut-il déposer dans le bac ? Tout dépend de la nature de la culture. Un plant de tomates, par exemple, a besoin de 3/4 de pied cube de matériaux pour assurer un bon développement. Quand on cultive des tomates, il faut prévoir des allées de 24 pouces entre les bacs. Les plants sont placés en rangs doubles de chaque côté du bac, à 18 pouces l'un de l'autre. Chaque plant a besoin de beaucoup d'espace pour se développer. Pour chaque plant de tomates, il faut prévoir, 3,7 pieds carrés (0,34 cm^2).

Un autre type de contenant a fait ses preuves, même s'il est moins populaire que le premier. Il s'agit de sacs de polyéthylène perforés à environ 1 pouce de la base et dans lesquels on dépose le milieu de culture. Chaque sac contient environ 3/4 de pied cube de terreau. Ce contenant exige un système d'irrigation du type goutte à goutte et les variations du degré d'humidité sont à surveiller.

La fertilisation

La fertilisation s'effectue exactement comme si l'on cultivait en pleine terre. Mais comme les plants qui poussent en milieu artificiel croissent généralement plus rapidement, il est préférable de devancer d'une semaine ou deux la cédule de fertilisation qu'on suit.

L'irrigation

On arrose selon les techniques connues en culture sur sol naturel. Le mélange de tourbe et de vermiculite retient l'eau plus qu'un terreau naturel. Aussi, il faut éviter les arrosages excessifs, particulièrement avant l'apparition de la deuxième grappe de fruits. Trop d'eau encourage la croissance démesurément rapide du plant qui, curieusement, aura un beau feuillage mais fournira beaucoup moins de fruits.

Coût de production

Pour cultiver en milieu composé de tourbe de sphaigne et de vermiculite, il faut compter $1.25 par pied cube de mélange.

Sciure de bois

La sciure de bois provient d'arbres résineux, sapins et épinettes. Avec ce mélange, on obtient de bons résultats, quoique inférieurs à ceux obtenus grâce à la. formule tourbe-vermiculite. La sciure de bois ne coûte pas cher mais elle est difficilement utilisable plus d'une fois. On mélange la sciure de bois avec les autres constituants exactement de la même façon que dans le cas de la tourbe-vermiculite. Même chose pour la fertilisation et l'irrigation. La composition du milieu se lit comme suit :

Constituant	Quantité pour une verge cube
Sciure de bois	27 pieds cubes
Superphosphate 20 p. 100	2.5 livres
Nitrate de calcium	3.0 livres
FTE 503	6 onces
Fer chelaté	1 once
Chaux hydratée	5 onces

Culture sur balles de paille

Excellente méthode que la culture sur balles de paille ! Elle procure un milieu bien aéré qui produit de la chaleur par fermentation, un milieu qui dégage du CO_2 et qui est rarement infesté de maladies.

La préparation est simple : de préférence, on utilise la paille de blé. Placez les balles dans la serre, les unes à côté des autres, dans des sillons d'une profondeur égale à la moitié de l'épaisseur d'une balle. En coupant les cordes, on permet à la balle de s'étendre uniformément dans l'espace prévu.

Afin d'éviter toute contamination possible de la paille par un sol malsain, on conseille d'employer un film de polyéthylène glissé entre la paille et le sol.

D'abord et avant tout, la paille doit être décomposée. En appliquant de l'eau et de l'azote sur la paille durant dix à douze jours, celle-ci fermentera. Puis, après la fermentation, les plants pourront être transplantés dans un milieu de culture de 4 à 5 pouces d'épaisseur déposé sur les balles de paille.

Quelques jours après le début de la fermentation, la

température au centre des balles peut atteindre 55o C (130o F). Elle diminuera ensuite pour atteindre la température ambiante de la serre. Il faudra tout de même maintenir la température au dessus de 10o C (50o F) pour que la fermentation soit satisfaisante.

Ne laissez pas vos plants dans la serre lors de la fermentation. L'ammoniac qui se produit alors endommagerait les plants.

On transplante les plants quand la température de la paille est inférieure à 38o C (100o F).

Un plant placé directement sur un lit de paille risquerait de voir ses racines brûler. C'est pourquoi il faut étendre sur les balles 4 ou 5 pouces d'épaisseur d'un terreau désinfecté, à base de tourbe, de sable et de terre franche. Vous pouvez également vous servir du sol de la serre, à condition qu'il soit désinfecté.

En culture sur balles de paille, il faut arroser plus souvent (à cause de la faible rétention d'eau) mais aussi en quantité plus faible. On fertilise selon la même cédule de fertilisation, en ayant soin de devancer d'une à deux semaines le programme adopté, car le plant cultivé sur balles de paille pousse plus rapidement.

LES AVANTAGES DE LA CULTURE EN MILIEU ARTIFICIEL

La culture en milieu artificiel permet de cultiver des légumes sur des sols inaptes à produire, soit parce que leur texture ou leur structure est mauvaise, soit parce que le drainage est inadéquat, qu'il y a contamination du sol ou salinité élevée.

Elle permet en outre de cultiver dans les serres ayant un plancher en ciment ou en gravier.

Le milieu artificiel ne nécessite aucun travail de

préparation du sol. Ce milieu est plus facile à fertiliser et favorise une irrigation idéale.

Enfin, les plants grandissent dans un milieu aéré, mieux drainé, à une température voisine de celle de l'atmosphère de la serre. Ce milieu possède une meilleure rétention d'eau et est beaucoup plus facile à désinfecter.

Le milieu artificiel étant fertilisé à l'oscomote, les éléments de fertilité sont libérés au fur et à mesure que les besoins se font sentir. Donc, seules les fertilisations de correction sont nécessaires par la suite.

LES DESAVANTAGES

Parmi les inconvénients, rappelons le prix élevé de la culture en milieu artificiel. En 1974, on a évalué à 0.48 cents le plant cultivé en milieu à base de tourbe-vermiculite, et à 0.03 cents par plant sur sciure de bois. Pas cher, direz-vous. Encore faut-il habiter non loin d'un moulin ou d'une scierie.

Il faut en outre utiliser des engrais se décomposant plus lentement, et ceux-ci sont plus coûteux. Même si cette culture demande beaucoup de travail, elle demeure néanmoins, selon les chercheurs, la technique de l'avenir.

5. Les principaux légumes de serre: tomate, concombre, laitue et radis

La plupart des légumes peuvent pousser en serre. Les légumes les plus couramment cultivés au Québec, sous plastique, sont la tomate, le concombre, la laitue et le radis. Les agronomes ont étudié la performance de ces légumes quand ils poussent hors saison dans les conditions climatiques bien spéciales qui prévalent chez nous. D'autres études sont en cours, notamment sur le chou, le poivron et le cantaloup sous serre.

J'ai donc décidé de vous livrer les techniques de culture de légumes en serre recommandées par les spécialistes horticoles du ministère québécois de l'Agriculture.

Si vous faites vous-même l'expérience de cultiver en serre d'autres légumes tels que les aubergines, les choux de Bruxelles et autres, adaptez vos connaissances de la culture extérieure de ces légumes aux conditions particulières de votre serre : chaleur, besoin d'ensoleillement, arrosage, etc.

LA TOMATE

Au Québec, on cultive en serre plus de tomates que de n'importe quel autre légume ou fruit. Contrairement aux plants de tomates de jardin, courts et trapus, le plant de serre est grimpant et pousse en hauteur. Attaché à un tuteur qui va des racines au faîte, le plant adulte mesure jusqu'à sept pieds de haut. Au cours de sa vie, on le déshabille pour ne conserver qu'une tige maîtresse, des rameaux de feuilles larges et vertes et les grappes de fruits qui poussent à chaque étage du plant. Ces quelque sept ou huit grappes de fruits comptent cinq, six et parfois sept tomates chacune. Un bon plant en santé, bien soigné, peut donner jusqu'à dix livres de tomates.

Un bon plant de tomates donne sept ou huit grappes ayant chacune cinq, six, parfois sept tomates. Essayez de battre cela !

En France, on cultive maintenant le cantaloup en serre. Si le coeur vous en dit, essayez ! Mais contentez-vous de quelques plants, sans quoi votre serre sera bientôt envahie par ces gros ballons verts à feuillage généreux.

Savez-vous planter des choux ? Réservez-leur les espaces les plus bas, le long des murs : ils n'ont jamais froid et ne poussent pas en hauteur.

QUAND SEMER

Les tomates sont prêtes à manger quatre mois après que la graine a été semée. La plupart des serriculteurs sèment au printemps : les heures d'ensoleillement étant plus nombreuses, la récolte est de meilleure qualité et plus abondante. A l'automne, les températures sont plus basses, l'humidité est élevée et le soleil se fait plus rare : le plant d'automne ne donnera que quatre ou cinq livres de fruits. Et il coûtera plus cher de chauffage.

CALENDRIER DE PRODUCTION

Type de production	Semis	Transplantation	Récolte
Printemps hâtif	10 janvier	15 mars	mi-mai-juillet
Printemps tardif	1er février	1er avril	juin-juillet
Automne	20 juin	1er août	octobre-novembre

Remarque : Les tomates produites tôt au printemps coûtent extrêmement cher de chauffage. La récolte d'automne est moins abondante. Pour les meilleurs résultats à un coût moindre, suivez le calendrier du printemps tardif.

Vous trouvez que ce plant de tomates a l'air chétif ? Erreur ! Il s'agit d'un plant grimpant auquel on a enlevé toutes les tiges latérales pour ne conserver que la tige maîtresse. Mais, attention, n'enlevez pas les tiges à l'aveuglette : vous pourriez lui couper la tête. N'enlevez que les pousses qui apparaissent aux aisselles. On les appelle communément les "gourmands".

(Photo: Antoine Desilets)

LES VARIETES DE FRUITS

Les variétés de tomates de serre ne sont pas les mêmes que celles destinées au potager extérieur. N'oubliez pas de prévenir votre grainetier que vous cultivez en serre. Voici quelques renseignements sur les différentes variétés de tomates de serre qui ont fait leurs preuves sous les conditions climatiques québécoises.

Les tomates rouges

Vendor
- Donne 6 à 7 tomates de grosseur moyenne par grappe.
- Demande moins d'espace que les autres variétés.
- Supporte facilement les conditions adverses de température et de luminosité (donc idéale à l'automne).
- Sensible à la moisissure olive : surveillez l'humidité excessive.

Michigan-Ohio hyb.
- Donne des tomates uniformes, de bonne grosseur.
- Plant vigoureux, demande plus d'espace.
- Donne des rendements élevés au printemps.
- Sensible à la moisissure olive : surveillez l'humidité excessive.

Tuckcross 533 hyb.
- Fruit lisse, à épaule verte, rougissant à maturité.
- Plant vigoureux, fruit pesant environ 5 1/2 onces.
- Résistante à la moisissure olive.

Les tomates roses

Ohio MR 12 — Gros fruit, plant moyennement vigoureux.
— Résistante à la mosaïque du tabac et au fendillement.
— Sensible à la pourriture apicale.

Ohio MR 13 — Fruit devenant rose moyennement foncé à maturité, et pesant 5 1/4 onces.
— Plant bas, assez compact, à feuillage légèrement violacé.
— Résistante à la mosaïque du tabac.

Ohio WR 25 — Fruits fermes, pesant entre 4 et 6 onces.
— Nécessite une bonne fertilisation dès le début de la fructification.
— Recommandée pour une production printanière.
— Sensible à la moisissure olive, à la pourriture apicale et à la mosaïque.
— Résistante à la flétrissure.

SEMIS

Préparez un bon terreau en suivant les indications données au chapitre de la culture en caissettes.

Espacez les plantules de 1 pouce de chaque côté, si vous avez semé en caissettes. Repiquez en pot dès l'apparition de la première vraie feuille. Les plantules reprennent plus rapidement si elles sont transplantées quand elles ne sont pas trop développées.

Il est préférable de semer en pot plutôt qu'en caissettes. Les plantules ont une croissance plus rapide et fleurissent environ une semaine avant les autres. On élimine ainsi tout risque de voir les maladies naître lors du repiquage. Choisissez de préférence des pots de 5 ou 6 pouces de diamètre.

FERTILISATION
AVANT LA TRANSPLANTATION

Après l'émergence des plantules, il faut arroser une fois la semaine avec une solution de 10-52-17, à raison de 1/2 once par gallon d'eau.

Deux ou trois semaines avant la transplantation, augmentez la dose de 10-52-17 à 1 once par gallon d'eau et arrosez ainsi une fois la semaine.

Si vos plants poussent en terreau artificiel, alternez le 10-52-17 avec le 20-20-20. Rincez bien les plants après la fertilisation.

SOINS AUX JEUNES PLANTS

Rappelez-vous qu'un plant chétif ne fera jamais un adulte fort. Les premières semaines de croissance sont cruciales. Surveillez scrupuleusement la température de la serre, l'humidité, la lumière, le niveau de CO_2 et la fertilité du terreau. Si le petit plant croît trop rapidement, on ralentira sa croissance en diminuant les arrosages mais jamais en diminuant la fertilisation.

LES TEMPERATURES REQUISES

Stades de développement	Ensoleillement	Températures recommandées			
		jour		nuit	
		C	F	C	F
Germination :	sans importance	18 - 21	65 - 70	18 - 21	65 - 70
Avant la transplantation :	ensoleillé	18 - 21	65 - 70	14,5 - 16,5	58 - 62
	nuageux	15,5 - 16,5	60 - 62	14,5 - 15,5	58 - 60
Après la transplantation :	ensoleillé	21 - 24	70 - 75	15,5 - 18	60 - 65
	nuageux	15,5 - 16,5	60 - 62	15,5 - 16,5	60 - 62

GUIDE DE FERTILISATION POUR LA TOMATE DE SERRE DU PRINTEMPS
(APRES LA TRANSPLANTATION)

Nombre de semaines après transplantation	10-52-17	Nitrate de potassium KNO_3	Nitrate d'ammoniac NH_4NO_3	Nitrate de calcium $Ca(NO_3)_2$	Sulfate de magnésium (sel d'Epson) $Mg\,SO_4$
1	4.8				
2	2.4				
3	2.4				
4	2.4				
5	3.2	1.6			
6	3.2	1.6			
7	3.2	1.6			
8	1.6	3.2	1.2	2.4	1.6
9	1.6	3.2	1.2	2.4	
10	1.6	3.2	1.2	2.4	1.6
11	2.4	4.0	1.6	3.2	
12	2.4	4.0	1.6	3.2	1.6
13	2.4	4.8	1.6	3.2	
14	2.4	4.8	1.6	3.2	1.6
15	2.4	4.8	1.6	3.2	
16	2.4	4.8	1.6	3.2	1.6

Onces par 100 pieds carrés

Remarques :
— Le pH du sol doit être entre 6,4 et 6,8.
— Ce calendrier est sujet à variations selon le développement visible des plants et la température qu'il fait. Si votre analyse de sol précise que votre sol est très riche en fertilisants, réduisez de moitié les doses d'engrais recommandées jusqu'au milieu de la saison.
— Si vous constatez que votre sol manque de magnésium (quand les vieilles feuilles jaunissent mais que les veines demeurent vertes), augmentez les doses de sel d'Epson. Pulvérisez les plants jusqu'à ruissellement avec 8 onces de sel d'Epson pour 10 gallons d'eau.
— Si les fruits souffrent de pourriture apicale, arrosez le plant jusqu'à ruissellement avec une solution contenant 8 onces de chlorure de sodium ou de nitrate de calcium par 10 gallons d'eau.

Si on applique les engrais en utilisant un système d'arrosage, il ne faut jamais mélanger le nitrate de calcium avec les phosphates ou les sulfates : il se forme alors un précipité qui obstrue les conduits et les ouvertures.

TRANSPLANTATION

Lorsque les bourgeons floraux de la première grappe sont bien développés, soit une dizaine de jours avant l'ouverture des fleurs, il est temps de transplanter les plants. Un bon plant doit toujours être plus large que long.

Au printemps, il faut assurer à chaque plant suffisamment d'espace pour qu'il se développe dans tous les sens. Réservez à chacun d'entre eux de 3 1/2 pieds à 4 pieds carrés (0,34 à 0,37 m^2).

A l'automne, chaque plant a besoin de 4 pieds carrés, sans quoi il sera privé du peu de lumière disponible en cette saison.

QUAND ARROSER

Il faut absolument arroser l'avant-midi afin de donner au sol le temps qu'il lui faut pour s'assécher avant la nuit. L'eau doit être dégourdie, c'est-à-dire à la température de la pièce.

Au printemps, arrosez en profondeur quelques jours avant la transplantation, afin de rendre le sol humide mais non boueux lors de cette opération. Arrosez ensuite durant les jours suivants pour faciliter une bonne reprise des plants fraîchement transplantés. Puis pendant 3 ou 4 semaines, réduisez les arrosages. Par la suite, il faudra augmenter la quantité d'eau au fur et à mesure que le plant grandit. Au coeur de l'été, durant les journées chaudes, chaque plant demande jusqu'à un gallon d'eau par jour.

A l'automne, il faut procéder de façon contraire : arrosez abondamment au début de la saison et diminuez en octobre quand la lumière commence à se faire rare et que les températures baissent. Il faut cesser tout arrosage à la mi-novembre.

LA TAILLE D'UN PLANT DE TOMATES

Pour qu'un plant de tomates de serre soit productif, il ne faut laisser qu'une seule tige principale, en enlevant, une fois par semaine, tous les drageons qui poussent à l'aisselle des feuilles. Attention à la deuxième tête, celle que l'on oublie de couper et qui, tout à coup, rejoint la tige centrale en force et en taille. Il faut la couper même s'il est tard; elle nuit à la croissance normale du plant.

Normalement, lors d'une production printanière, on peut s'attendre à récolter les derniers fruits vers la fin de juillet. Pour assurer la croissance complète des fruits, il faut couper la tige centrale le 15 ou le 20 juin, soit six semaines avant la dernière récolte. On coupe un peu au-dessus de la deuxième feuille qui suit la dernière grappe florale. Faites de même à l'automne vers le 20 septembre.

LE TUTEURAGE

Cette longue plante grimpante qu'est le plant de tomates est supportée par un tuteur. Il s'agit d'une corde de nylon, enfouie dans la terre au bas du plant avec les racines et, à l'autre extrémité, attachée à la toiture de la serre ou à des broches placées à 6 ou 8 pieds au-dessus des plants. Au fur et à mesure que se développe le plant, on l'enroule autour de la corde à raison d'un ou deux tours par grappe florale. Si la corde est trop tendue, elle risque de sectionner le plant. Si elle est trop lâche, elle ne supportera pas le poids du plant.

Au fur et à mesure que les plants grandissent, il faut enrouler la tige maîtresse autour de la corde qui va de la racine au faîte de la serre. Si la corde est trop tendue, le tronc se sectionnera.

LA POLLINISATION QUOTIDIENNE

Même si votre plant mesure neuf pieds, si son tronc est fort et ses grappes nombreuses, aucune tomate ne se formera sans la pollinisation des fleurs.

La pollinisation est le transport du pollen d'une étamine sur un stigmate. Dans la nature, le transport du pollen est assuré par l'abeille. En serre, c'est donc vous qui devez faire l'abeille... L'étamine est la partie mâle de la fleur; elle se termine par un sac contenant le pollen. Le pistil est la partie femelle de la fleur. Ses parties essentielles sont l'ovaire, le style et le stigmate. Le stigmate sécrète une substance qui sert à la rétention et à la germination de grains de pollen.

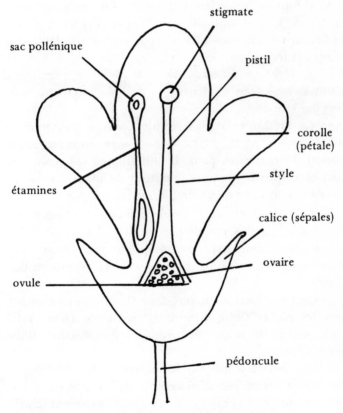

Fleur de tomate vue en coupe transversale

S'il y a trop d'humidité dans l'atmosphère, le grain de pollen peut germer avant d'avoir atteint le stigmate ou, même s'il l'atteint, il est tellement affaibli qu'il n'a plus assez de force pour féconder l'ovule. C'est pourquoi il est important d'assurer toute la ventilation nécessaire, et ce, même si l'air extérieur est saturé d'humidité.

Comment polliniser

Il faut polliniser tous les jours sans exception, vers la fin de l'avant-midi ou au début de l'après-midi. La pollinisation est plus efficace par temps ensoleillé. La température de la serre doit se situer entre 65o et 85o F (18o et 30o C). Vous perdrez de nombreux fruits si vous vous contentez de polliniser deux ou trois fois par semaine.

La méthode la plus simple consiste à frapper le plant, sous chaque grappe florale, avec un morceau de corlon d'environ un pied. Il faut frapper suffisamment fort pour provoquer une vibration du plant mais assez délicatement pour ne pas le blesser.

Seconde technique assez efficace : frappez les broches du treillis métallique sur lequel sont fixés les tuteurs des plants. Assurez-vous que les petits coups que vous portez au treillis provoquent la vibration des plants.

On peut mettre un vibrateur électrique en contact avec les plants. Cette méhode est particulièrement efficace, malgré le risque de propager des maladies d'un plant à l'autre.

L'industrie a mis sur le marché l'appareil "Solo" qui assure un violent déplacement de l'air, ce qui favorise le transfert du pollen. Le Solo joue également le rôle de pulvérisateur, menant une lutte ardue aux parasites et

Même si vous vous comportez comme une véritable mère à l'égard de vos plants de tomates, les dorlotant et leur prodiguant plus de soins qu'il n'en faut, ils ne donneront aucun fruit sans la pollinisation quotidienne : à l'aide d'un bout de corlon, faites vibrer le plant sous la grappe florale de façon à libérer le pollen.
(Photo : Antoine Désilets)

aux maladies. Son coût étant élevé, il s'adresse plus particulièrement aux professionnels ou à ceux qui produisent des tomates en grande quantité.

LES INSECTES A COMBATTRE

Trois insectes s'attaquent aux plants de tomates : le trétranyque à deux points, la mouche blanche et le puceron.

Le tétranyque à deux points est un acarien de couleur brune, difficilement reconnaissable à l'oeil nu. Il s'attaque aux feuilles. Si l'assaut est minime, les feuilles se décolorent légèrement. S'il est grave, les feuilles deviennent jaunes, se déroulent et se dessèchent. Pour mener une guerre mortelle contre les tétranyques, il vous faut l'un des trois produits suivants : Kelthane 18 5-W, Dibrome et Parathion.

La mouche blanche, également connue sous le nom d'aleurode des serres, est l'insecte que l'on rencontre le plus couramment. Il se promène sur la feuille pendant un à deux jours avant de se fixer et de se nourrir. Les mouches blanches se multiplient rapidement et se tiennent sous les feuilles. Elles sécrètent une substance visqueuse sur le feuillage et les fruits. Un champignon noir s'y développe, détruit en partie le feuillage et salit les fruits. On se débarrasse de cet insecte avec le Thiodan 50-W, le Parathion et le Dibrome.

Les pucerons sont de petits insectes suceurs, de couleur verte, vivant en colonie sous les feuilles. Ils transmettent des maladies à virus.

Dès qu'on aperçoit un puceron, il faut employer du Thiodan : les pucerons femelles produisent une vingtaine de petits par jour !

DES TOMATES MALADES

Les feuilles du bas de vos plants portent des taches brunâtres, plus ou moins circulaires ; ils sont atteints d'une maladie qui s'appelle la tache septorienne.

Les taches sont plutôt grisâtres et elles apparaissent à l'envers des feuilles. Vos plants souffrent donc de moisissure olive.

Si vous constatez une pourriture molle à la base de la tige, sur les pétioles et sur les fruits, vous êtes aux prises avec la moisissure grise.

Il y a aussi le chancre bactérien qui attaque vos plants de tomates : des stries brunes (tirant sur le noir) apparaissent sur les tiges et les pétioles.

Gare à la mosaïque, facile à reconnaître : les feuilles se déforment, s'effilent en lacets et s'enroulent en cuillères sous l'action du virus.

Les plants de tomates sont fragiles. Une foule de maladies les guettent. Elles vous causeront des complications sans fin si vous n'y prenez garde. Il n'est pas nécessaire d'étudier longuement les symptômes de ces maladies ni les remèdes à y apporter. Vous réussirez à les éviter en suivant les règles les plus élémentaires de l'assainissement et de la désinfection telles que décrites dans le chapitre consacré aux ennemis à combattre dans les serres.

Si vous êtes aux prises avec une épidémie qui dépasse vos connaissances, consultez l'agronome responsable de la culture maraîchère de votre région.

Un de vos plants de tomates s'affaisse, et puis meurt. Vous l'exa-
minez. Son tronc n'a pas été sectionné par la corde. Et s'il était
mort d'une maladie contagieuse ? Hâtez-vous de le sortir de la
serre. Brûlez-le ou enterrez-le. Et lavez-vous les mains avant de
manipuler un autre plant dans la serre.

Les feuilles du bas de votre plant sèchent singulièrement. Il est peut-être atteint d'une maladie. Mais avant de conclure, vérifiez s'il manque d'eau ou si son tronc n'est pas blessé.

LA RECOLTE

Une bonne tomate de serre doit mûrir sur le plant. Lorsqu'elle est presque entièrement rouge, il est temps de la cueillir. Une tomate cueillie trop verte dèmeure dure après sa coloration. Et sa saveur perd de sa qualité. C'est le drame des tomates importées qui doivent être cassées vertes afin de parvenir aux consommateurs sous une apparence acceptable. Naturellement, elles ne goûtent plus rien !

Les tomates de serre se conservent beaucoup plus longtemps que les tomates de champ (ou de jardin). Gardez-les au frais (55o F ou 13o C) mais jamais, au grand jamais, dans le frigo. L'ennemi no 1 d'une tomate savoureuse et ferme est le frigo. C'est le moyen le plus sûr pour tuer le goût de la tomate !

LE CONCOMBRE

Le concombre se classe second en popularité chez les légumes de serre au Québec. D'origine tropicale, cette plante exige des soins attentifs pour assurer sa croissance. Précisément à cause de son énorme besoin de chaleur, le concombre est surtout cultivé au printemps, chez nous. Il faut compter trois semaines du semis à la transplantation et de quatre à six semaines de la transplantation au début de la récolte.

LES TYPES DE CONCOMBRE

Il existe deux types de concombre de serre : le type américain et le type européen.

Le concombre américain est le plus courant. On le trouve dans toutes les épiceries; c'est d'ailleurs celui

A l'instar du plant de tomates, le concombre de serre est grimpant. On ne lui conserve que la tige maîtresse mais son feuillage est quand même généreux.

qu'on fait pousser dans nos potagers. De couleur vert foncé, il mesure de 7 à 8 pouces de long. Ses bouts sont arrondis et sa forme est moins élancée que le concombre européen.

Ce qu'il importe de savoir en serre, c'est que le plant de concombres américains, pour donner des fruits, exige la présence d'insectes pollinisateurs. Cela complique donc un peu sa culture car je connais pas mal de gens qui n'aiment pas travailler dans les parages des abeilles.

Le **concombre européen**, connu sous le nom de concombre de type parthénocarpique, se vend de plus en plus chez nous. Le fruit est vert foncé et sa taille élancée mesure de 14 à 17 pouces de long. Au goût, il est moins amer que le concombre américain et n'a pas de graines. Sa popularité croissante vient de là.

Les variétés parthénocarpiques portent principalement des fleurs femelles qui forment des fruits sans pollinisation. Pas besoin d'abeilles. Il faut même interdire l'accès de la serre aux insectes car la pollinisation produirait des fruits difformes.

Le concombre européen produit plus de fruits que le concombre américain. Selon l'Université Laval à Québec, le concombre européen peut produire jusqu'à 3 1/2 douzaines sur une période de trois mois. C'est là un autre point en sa faveur.

QUAND SEMER

Il faut compter de deux mois et demi à trois mois entre les semis de concombres et la récolte. Le concombre de type européen demande généralement deux semaines de plus que celui de type américain. Au Québec, on ne cultive pas les concombres à l'automne.

CALENDRIER DE PRODUCTION

Type de concombre	Semis	Transplantation	Récolte
Américain	1er mars	1er avril	mai à juillet
Européen	15 février	15 mars	mai à juillet

Remarque : Il faut semer le concombre américain légèrement plus tard car il exige la présence d'abeilles dans la serre et celles-ci ne pourront pas vivre s'il fait trop froid.

LES VARIETES DE FRUITS

Type américain

Hyghmark II hyb. — Plant vigoureux, très productif. Fruits uniformes, vert foncé, de 7 à 9 pouces de long, à bouts carrés.

Le concombre américain, bien connu chez nous. Souvenez-vous que pour le faire pousser en serre, vous devez donner asile à un essaim d'abeilles. Pendant que vous travaillez dans la serre, les abeilles butinent autour de vous, sans jamais vous attaquer... sauf quand elles se sentent menacées.

	— Résiste modérément au milieu poudreux et à la mosaïque du concombre. Résiste bien à la gale.
Marketmore	— Variété à rendement élevé. Fruits vert foncé, à bouts légèrement arrondis, de 7 pouces de long.
Meridian hyb.	— Fruits longs mesurant 8 1/2 pouces. Plant vigoureux.
	— Excellente récolte hâtive.
Stokes hyb.	— Plant vigoureux. Fruit vert-gris de 8 pouces de long.

Type européen

Farbio hyb.	— Plant à feuillage de densité moyenne. Nécessite peu de taille. Fruits vert foncé de 14 ou 15 pouces de long.
Fertila hyb.	— Plant vigoureux et productif. Fruits de 16 ou 17 pouces de long.
Toska hyb.	— Plant de vigueur moyenne. Fruits nombreux de 14 pouces de long.
Rocket hyb.	— Plant de vigueur moyenne. Fruits vert foncé, légèrement côtelés mesurant 14 pouces.
Uniflora	— Plant vigoureux.

SEMIS

Préparez un bon terreau suivant les indications données au chapitre consacré au terreau à semis.

Il n'est pas recommandé de semer en caissettes car le concombre supporte mal le choc du repiquage. Si vous devez le faire tout de même, repiquez avec beaucoup de soin dans des pots de 4 pouces lorsque les deux cotylédons sont bien formés mais avant que la première véritable feuille soit apparue.

Si vous semez en pots, placez deux ou trois graines dans un pot de 4 pouces de diamètre. Lorsque les plantules sont bien établies, éliminez deux plants pour ne garder que celui qui semble le plus robuste. Espacez bien les pots pour assurer à la plantule le plus de lumière possible.

FERTILISATION
AVANT LA TRANSPLANTATION

Règle générale, il n'est pas nécessaire de fertiliser les plants de concombres avant la transplantation si le terreau est de bonne qualité.

Si les feuilles sont plutôt pâles ou jaunâtres, fertilisez avec une solution contenant 1 once de 20-20-20 par gallon d'eau.

Les plants de concombres qui poussent en terreau artificiel seront fertilisés à raison d'une application par semaine d'une solution contenant 1 once de 20-20-20 par gallon d'eau.

TRANSPLANTATION

Le plant de concombres est particulièrement fragile. On doit le transplanter trois ou quatre semaines après le semis. L'opération doit s'effectuer de manière à déranger le moins possible les racines. C'est pourquoi on conseille d'utiliser les pots de tourbe qu'on enterre avec le plant (sans oublier de perforer le fond du pot de tourbe pour permettre la croissance des racines).

Les concombres de type américain nécessitent 4 pieds carrés du plant. Ceux de type européen sont plus ambitieux. Ils réclament de 6 à 8 pieds carrés.

QUAND ARROSER

Le système radiculaire du concombre est peu développé comparativement à son feuillage. C'est pourquoi il faut tenir le sol humide par des arrosages répétés, tantôt sommaires, tantôt en profondeur.

Durant les journées d'été chaudes et ensoleillées, arrosez le feuillage et le sol pour humidifier la serre; l'évaporation de l'eau réduira la température de la serre. L'arrosage du feuillage doit se faire au moment le plus chaud de la journée, jamais à la tombée du jour lorsque la température baisse.

Il va sans dire que l'eau d'arrosage doit être dégourdie. Une eau trop froide refroidirait les racines, retarderait la croissance et réduirait le rendement du plant.

LES TEMPERATURES REQUISES

Stades de développement	Ensoleillement	Températures recommandées			
		Jour		Nuit	
		C	F	C	F
Germination:	sans importance	24	75	24	75
Avant transplantation :	ensoleillé	27	80	22	72
	nuageux	24	75	21	70
Après transplantation :	ensoleillé	27 - 29,5	80 - 85	22 - 24	72 - 75
	nuageux	24	75	21	70

GUIDE DE FERTILISATION
DU CONCOMBRE DE SERRE

Semaines après transplantation	onces par 100 pieds carrés		
	10-52-17	20-20-20	Nitrate d'ammoniac NH_4NO_3
1	4.8		
2	2.4		
3	2.4		
4		4.8	
5		4.8	
6		4.8	
7		4.8	
8		4.8	
9		4.8	
10		4.8	
11		4.8	
12			4.8
13			4.8
14		4.8	
15		4.8	
16			4.8

Remarques :
— Le pH du sol doit être de 6 à 6,5.
— Ajustez ce calendrier type à la croissance de vos propres plants. Si les journées sont ensoleillées et la pousse abondante, rapprochez les applications de fertilisant. Dans le cas contraire, espacez-les.

LE TUTEURAGE

Comme dans le cas de la tomate, on place des cordes de nylon dans le sol. Ces cordes enroulées autour des plants de concombres s'élèvent jusqu'à 7 pieds du sol où elles sont reliées à un treillis métallique. La plante s'agrippe à la corde à l'aide de ses vrilles.

LA TAILLE D'UN PLANT DE CONCOMBRES

Ne gardez qu'une seule tige et enlevez tous les drageons ou tiges latérales jusqu'à 15 à 18 pouces de hauteur. Par la suite, pincez les branches latérales à la deuxième feuille jusqu'à ce que la tige principale atteigne le treillis métallique ou les broches. Dès lors, la taille deviendra impossible puisque les tiges se développeront à leur gré et formeront un genre de dôme.

Comme on le fait pour le concombre américain, on ne gardera qu'une seule tige principale dans le cas du concombre européen. Mais cette fois-ci, il faut éliminer toutes les tiges latérales jusqu'à ce que le plant atteigne les broches.

Le concombre européen peut également être taillé "en parapluie". Aucune tige latérale n'est conservée. Tous les fruits qui se développent sur les deux premiers pieds du plant sont enlevés. La tige principale est coupée lorsqu'elle atteint les broches, tandis que deux tiges latérales retombent vers le bas, portant leurs fruits.

J'imagine plus d'un serriculteur en herbe hésitant devant les belles tiges latérales qu'il faut sectionner. Allez-y ! N'ayez crainte, vos plants en bénéficieront plus que vous ne le croyez. La taille influe directement sur la quantité et la qualité des fruits. Elle évite la formation

Taille "en parapluie" du concombre européen.

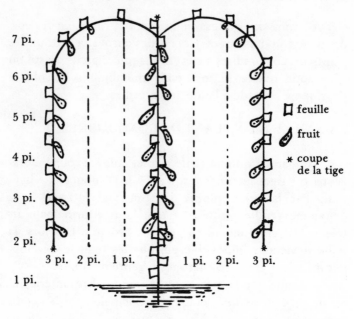

de fruits tordus pointus, à l'allure étrange. Elle agit aussi sur la longueur des fruits, qui dépend de leur position sur la plante. Ainsi, les fruits poussant sur les ramifications sont plus longs que ceux poussant sur les tiges. Et le fruit du haut de la tige est plus long que celui du bas de la tige.

La taille joue également un rôle sur la couleur du fruit. Plus le feuillage est touffu, plus il y a d'ombre et plus le fruit est pâle et jaune.

Rappelez-vous aussi que la récolte précoce présente des inconvénients. Elle influence la taille des racines et indirectement le rendement futur.

LA POLLINISATION

Le serriculteur amateur aurait avantage à cultiver le concombre européen dans sa serre puisque celui-ci ne réclame pas de pollinisation pour donner des fruits.

La pollinisation par les abeilles est absolument nécessaire dans le cas du concombre américain. Il faut installer une ruche à l'une des extrémités de la serre, à quelques pieds des murs. La ruche doit être en action. Il faut fournir aux abeilles une alimentation complémentaire, les fleurs ne leur fournissant pas toute la nourriture nécessaire. Il faut en outre sortir la ruche lors de l'application de pesticides. Ce sont là autant d'opérations plus ou moins délicates qui débordent le cadre amateur.

LES ENNEMIS DU CONCOMBRE

Le tétranyque à deux points, la mouche blanche ou aleurode des serres et les pucerons sont les insectes que l'on rencontre le plus souvent en serre. Ils s'attaquent aussi bien aux plants de tomates qu'aux plants de concombres. (Pour la description de ces insectes, voir au chapitre des tomates de serre.)

DES CONCOMBRES QUI NE
SE SENTENT PAS BIEN

Connaissez-vous la gale ou pourriture sclérotinique ? Cette maladie s'en prend aux plants de concombres. Les feuilles atteintes présentent des taches translucides qui se dessèchent et les fruits ont des gales suppurantes tapissées de moisissure verdâtre.

Vos concombres sont également menacés de moisissure grise connue sous le nom de pourriture molle. Cette pourriture molle se manifeste à la base de la tige, sur les pétioles et sur les fruits. Les parties affectées sont généralement recouvertes d'un duvet gris poussiéreux.

Comme dans le cas de la tomate, il y a peu de chances que ces maladies et bien d'autres atteignent vos plants si vous avez suivi scrupuleusement les mesures préventives d'assainissement de la serre et de désinfection du terreau. Relisez le chapitre consacré aux ennemis à combattre dans les serres. Et si nécessaire, consultez votre agronome.

LA RECOLTE

Après avoir fourni tant d'efforts pour produire des concombres savoureux, il faut maintenant apprendre à les cueillir avec art.

Le fruit doit être ramassé alors qu'il est bien vert. N'attendez pas qu'il soit trop gros car son épiderme jaunira rapidement. S'il est trop jeune, il ramollira avant son temps.

Cueillez vos concombres le matin, quand il fait frais; évitez de les manipuler plus que de raison. Ne permettez pas aux épines de se frotter les unes contre les autres, ce qui blesse le fruit et entraîne son pourrissement.

Pour conserver vos concombres, placez-les dans un endroit ni trop humide ni trop sec. La température de la pièce où ils sont gardés sera de 45o à 50o F (7o à 10o C) et l'humidité relative se tiendra entre 85 et 95 p. 100. De grâce, ne gardez jamais vos fruits frais au réfrigérateur : ils y laissent toute leur saveur.

LA LAITUE

La laitue est l'un des rares légumes qui poussent bien durant la saison froide. En outre, elle s'accommode bien des jours courts. Comme sa croissance est de courte durée, on peut faire plusieurs cultures en quelques mois. La nuit, la température de la serre sera de 50º F (10º C). Le jour, elle variera entre 60º et 65º F (15º et 18º C). Donc, la laitue demande moins d'énergie.

Durant l'hiver, il faut compter 15 semaines du semis à la récolte. Au printemps, la laitue est prête à manger après 8 ou 10 semaines.

CALENDRIER DE PRODUCTION

Type de production	Semis	Transplantation	Récolte
Automne	15 août	20 sept.	nov.-déc.
Printemps hâtif	15 déc.	fin janv.	mars
	15 nov.	15 janv.	mars
Printemps tardif	1er avril	1er mai	début juin

LES VARIETES DE LAITUES

Laitue en feuilles

Grand Rapids (lignée) — Variété à grandes feuilles très frisées, croustillantes, de couleur vert pâle, bien adaptée à la production d'hiver en serre.

Laitue beurre

Bib	— Petite pomme en forme de rosette de 3 1/2 pouces de diamètre, dont les feuilles sont épaisses, lisses, très vertes à l'extérieur et jaunâtres à l'intérieur. Il faut cueillir quand la pomme est moyennement ferme. Elle est sensible à la brûlure de la pointe.
Buttercrunch	— La pomme est compacte pour une variété de serre. Elle est formée de feuilles épaisses, croustillantes, d'un vert foncé. Elle ressemble à la Bib de forte taille mais elle tolère mieux la chaleur que la Bib.

SEMIS ET TRANSPLANTATION

Semée en caissettes, on transplante la laitue dès qu'elle a atteint 2 pouces de hauteur. Prévoir un espace de 8 pouces par 8 pouces entre les plants.

FERTILISATION

La laitue exige un sol extrêmement fertile. Avant la transplantation, incorporez la solution fertilisante 20-20-20 au sol à raison de 6 onces par 100 pieds carrés de serre. Ensuite, appliquez 4 onces du même engrais en bande, à toutes les trois semaines. Le fumier fait des merveilles pour la laitue (100 livres de fumier pour 100 pieds carrés). Mais alors, si vous étendez du fumier, n'oubliez pas de réduire de moitié la quantité de fertilisant.

QUAND ARROSER

Arrosez généreusement et en profondeur lorsque les plants sont petits. Cessez d'arroser quand les feuilles sont sur le point de couvrir le sol.

LES INSECTES
QUI MENACENT LA LAITUE

Les pucerons, ces petits instectes de couleur verte, attaquent la laitue. Ils vivent en colonie sous les feuilles, en suçant la sève, et celles-ci à la longue se décolorent et se déforment.

Il faut appliquer un insecticide dès qu'on aperçoit les premiers pucerons. Ils se reproduisent à une vitesse folle et l'infestation peut atteindre des proportions inquiétantes. Fumigez à la nicotine en canette fumigène et attendez trois jours avant de manger la laitue.

LES MALADIES

La laitue peut être atteinte de maladies fongiques telles que la fonte des semis, l'affaissement sclérotinique, la pourriture basale et la moisissure grise.

La fonte des semis

En préémergence, la maladie détruit les jeunes plantules avant qu'elles n'apparaissent. Les racines pourrissent. La fonte des semis se manifeste aussi quand la plantule est sortie de terre : sa tige, au niveau du sol, pourrit quand une tache brune l'étrangle; elle s'affaiblit et se renverse sur le sol.

Pour prévenir la fonte des semis, il faut désinfecter le sol, les contenants et la semence. (Voir : **Les ennemis à combattre dans votre serre.**)

Affaisement sclérotinique

Le collet, les racines et la base des feuilles se recouvrent tout à coup d'une masse blanche, cotonneuse, parsemée de sclérotes noirs. La plante flétrit brusquement et s'arrache sans difficulté.

La pourriture basale

Méfiez-vous de la pourriture basale. Elle attaque quand la laitue arrive à maturité. On remarque d'abord des taches brunes sur les feuilles de base. Peu après, une pourriture brune affecte toute la plante.

La moisissure grise

Quand le collet des plantules pourrit, c'est que la laitue est atteinte de moisissure grise. Elle se manifeste chez les plus vieilles plantes : les feuilles de base pourrissent et se recouvrent d'un duvet gris. Elle cause la nécrose des nervures centrales et la pourriture sèche du collet.

Pour prévenir ces maladies, on recommande d'observer toutes les mesures d'assainissement des serres : désinfection du sol, du terreau et des contenants. Si nécessaire, appliquez un fongicide comme le Captan 50-W ou le Fermate 76-W.

LE RADIS

La culture du radis de serre comporte de grands avantages. Comme sa croissance est extrêmement rapide, on jumelle sa culture avec celle d'un autre légume qui pousse plus lentement. Le radis par exemple, peut être semé en rangées au pied des plants de tomates.

Le radis ne se cultive pas à l'automne. Au printemps, la température de la serre devra être de 55º F (13º C) la nuit et variera de 60º à 70º F (15,5º à 21º C) le jour, selon l'ensoleillement.

QUAND SEMER

Durant l'hiver, le radis sera prêt à manger six semaines après le semis. Tard au printemps, il ne faudra pas plus de trois semaines pour boucler la boucle.

Comme la culture du radis est étroitement liée à celle des autres légumes qui poussent dans la serre puisqu'on les sème parallèlement, il faudra élaborer votre propre calendrier de production en tenant compte de la transplantation et de la récolte de ces autres légumes.

LES VARIETES DE RADIS

Scarlet Globe
Le radis est de couleur écarlate. Sa racine a la forme d'un globe allongé et son feuillage est uniforme. Cette variété donne un fruit de qualité. On peut également cultiver cette variété dans le potager extérieur.

Cherry Belle
Variété à croissance rapide. Sa racine est plutôt petite, ronde et bien colorée. Ce radis conserve longtemps sa fraîcheur et sa fermeté.

SEMIS

La culture du radis ne demande qu'une seule opération. On sème directement dans le sol de la serre sur des rangs espacés de 4 pouces. On compte de 10 à 15 radis par pied sur le rang. Comme nous l'avons dit, on peut aussi semer les radis au pied des autres légumes.

FERTILISATION

La fertilisation du radis s'effectue à tous les 15 jours. On applique alors 1/2 once de 20-20-20 par 10 pieds carrés (93 m^2).

INSECTES

Seuls les pucerons sont à craindre. (Voir description au chapitre de la laitue.)

MALADIES

On rencontre rarement des maladies chez les radis. S'il vous arrivait de diagnostiquer un cas de fonte des semis ou de moisissure grise, effectuez le traitement recommandé pour la laitue.

QUAND ARROSER

On arrose au besoin. Le radis a énormément besoin d'eau.

6. Les plantes vivaces et annuelles

La culture en serre des plantes vivaces et annuelles est un art. Celui qui la maîtrise obtient une floraison continue, de la fin du printemps jusqu'aux premières gelées. Pour réussir ce tour de force, la petite serre domestique est l'atout majeur.

Les plantes qui fleurissent le temps d'une saison se multiplient à l'infini. Rouge, jaune ou bleue, flamboyante ou discrète, chacune réclame des soins particuliers.

Dans ce chapitre, il sera question de la culture de ces plantes vivaces et annuelles, du semis en serre à la transplantation en pleine terre. Naturellement, en plus des conseils que vous trouverez dans les pages qui suivent, il faudra tenir compte des renseignements que le grainetier aura jugé bon de mentionner sur l'enveloppe de semences que vous avez choisie. Ce sont souvent des plantes capricieuses qu'il faut choyer.

PREPARATION DU TERREAU

De tous les mélanges disponibles, le plus simple se lit comme suit : deux parties de terre de jardinage, une de mousse de tourbe et une de sable.

Remplissez une caissette de ce mélange jusqu'à 3/4

de pouce du rebord. Ajoutez 1/2 pouce (1,27 cm) de vermiculite et nivelez la surface sans presser. Tracez ensuite des sillons dont la profondeur n'excédera pas 1/4 de pouce à l'aide d'un bout de bois de 1/2 pouce de large. Laissez 2 pouces entre chaque rang.

Placez la semence dans le sillon. La profondeur dépend de la grosseur de la graine. Celle-ci devra être recouverte d'une couche de vermiculite.

Si la semence est très fine, on saupoudre un peu de mousse de tourbe dans le rang. Après avoir humecté, on sème les graines qu'il ne faut pas recouvrir.

Pour que la caissette conserve toute son humidité, recouvrez-la d'un morceau de polyéthylène ou de verre. Dès que se dessine la germination, enlevez graduellement le verre ou le plastique.

QUAND SEMER

La plupart des plantes vivaces doivent être semées dans la serre durant le mois de mars. Il faut compter, en général, de 6 à 8 semaines du semis au jour de la transplantation extérieure.

Certaines variétés demandent plus de temps, soit de 12 à 14 semaines. Ce sont les bégonias, les coleus, les impatientes, les oeillets, les pensées et les pétunias.

C'est l'automne, au mont Saint-Hilaire, et pourtant vos cactus poussent joyeusement comme s'ils étaient au chaud dans leur habitat naturel en pays tropical.

CALENDRIER DE PRODUCTION

(Lisez attentivement l'étiquette sur l'enveloppe
de semences. Le manufacturier y indique le nombre
de jours qui s'écouleront du semis à la floraison.)

Floraison	Semis	Récolte
55 à 70 jours	début mars	mai
75 à 90 jours	début mars	juin
90 à 110 jours	début mars	juin - juillet
110 et plus	15 février	fin mai

Les bégonias ne sont guère plus pressés à fleurir. Semez-les en
serre. Transplantez-les dehors à l'approche de l'été et rapatriez
dans la serre les plus beaux plants quand l'automne se montrera
le bout du nez.

COMMENT CHOISIR SES PLANTES

Avec le temps, vous réussirez la plupart des variétés que l'on trouve chez les serriculteurs et les fleuristes. Ceux qui en sont à leurs premières armes doivent choisir des annuelles faciles à cultiver : les pensées, les pétunias, les capucines, les zinnias, les oeillets d'Inde et les pourpiers.

LES CATEGORIES DE FLEURS

1. Les annuelles à croissance rapide

Semées au printemps, elles sont déjà en fleur au début de l'été. Beaucoup de gens ne se donnent pas la peine de les semer en serre tant la croissance est rapide. Quand tout risque de gel est passé, on les sème directement en rangées ou à la volée à l'extérieur. C'est le cas des amarantes, des calendulas ou soucis, des balsamines ou impatientes, des capucines, des cardinaux grimpants, des centaurées, des courges ornementales, des gaillardes, des volubilis des jardins ou gloires-du-matin, des immortelles, des tournesols, des cyprès d'été, des oeillets de Chine et oeillets d'Inde, des pois de senteur grimpants et du blé d'Inde décoratif.

2. Les annuelles à croissance lente

Ces fleurs doivent être semées dans la serre en mars ou avril car elles sont plus lentes que celles de la catégorie précédente. En les semant dans des pots de tourbe plutôt qu'en caissettes, vous gagnez 3 ou 4 semaines de floraison car les racines n'ont pas à subir le choc de la transplantation. A la fin de mai ou au début de juin, ces fleurs seront prêtes pour le voyage à l'extérieur de la serre. Ce sont les amarantes, les bégonias, les campanules, les célosies, les chrysanthèmes, les coleus, les cosmos, les dahlias, les géraniums, les giroflées, les houblons, les impatientes, les gueules-de-loup (mufliers), les oeillets de fleuristes, les pétunias (Saint-Joseph), les pourpiers, les reines-marguerites, les sauges et les verveines.

3. Les bisannuelles

Plantées en juin ou juillet, elles ne fleuriront que l'année suivante. Inutile de les semer en serre. Ce sont les pâquerettes et les oeillets de poète.

4. Les vivaces

Les plantes vivaces pousseront l'année suivant leur semis et les années postérieures. Comme les bisannuelles, les vivaces représentent peu d'intérêt en serre, puisqu'on les sème à l'extérieur en juin, juillet et août. C'est le cas des campanules vivaces, des lupins vivaces, du pois de senteur vivace, des violettes ou pensées sauvages.

5. Les plantes d'intérieur

De germination lente, les plantes d'intérieur que vous sèmerez en serre iront ensuite enjoliver l'intérieur de votre maison ou orneront, leur vie durant, votre mini-serre. Les semis s'effectuent comme dans le cas des annuelles à croissance lente. Puis elles sont transplantées dans des pots. Vous connaissez la plupart de ces plantes que vous avez déjà achetées chez un fleuriste. Ce sont les aloès, les asperges de maison, les cactus, les piments de Noël, les cyclamens, les ficus elastica, les géraniums, les gloxinias, les mimosas, les palmiers, les philodendrons, les primevères, les rosiers du Bengale, les cerisiers de Jérusalem et les violettes africaines.

LE REPIQUAGE

Les jeunes plants doivent être transplantés dès que les deux premières feuilles sont bien formées. Il faudra les manipuler avec délicatesse. A l'aide d'une mince spatule de bois, soulevez quelques plantules à la fois et repiquez-les individuellement à deux pouces d'intervalle dans une nouvelle caissette remplie du même terreau.

Après les avoir arrosés copieusement, placez-les dans un coin sombre de la serre à l'abri des rayons du soleil. Quelques jours plus tard, il faudra les exposer directement au soleil, où elles demeureront jusqu'au moment de la transplantation en pleine terre.

LA LUMIERE

Les annuelles et les vivaces sont des plantes capricieuses. Elles réclament des températures relativement fraîches (50-55o F ou 10-13o C).

Toutes les plantes qui pourront jouir d'une vingtaine d'heures de lumière par jour bénéficieront grandement de leur séjour en serre. Quelques-unes sont moins exigeantes et peuvent se contenter de 18 heures. C'est le cas des gloires-du-matin, des dahlias, des oeillets d'Inde et des zinnias ainsi que de toutes celles de la même famille.

D'autres enfin, auront une croissance normale même si elles ne sont exposées à la lumière que durant 10 ou 12 heures par jour. Les pétunias, les pourpiers, les reines-marguerites, les gaillardes et les amarantes globes en sont.

L'ARROSAGE

Arrosez copieusement et le matin. Evitez de mouiller le feuillage et prenez soin d'arroser avec de l'eau dégourdie (à la température de la serre). Au début, avant la germination, n'arrosez pas les semis. Les arrosages commenceront quand la germination sera apparente.

LES MALADIES QUI MENACENT VOS PLANTES

Jusqu'au moment de la transplantation, une seule maladie guette vos jeunes plantes annuelles et vivaces : la fonte des semis.

La fonte des semis peut se produire si le terreau, les instruments, les semences et les contenants n'ont pas été désinfectés. Une ventilation déficiente et trop d'humidité sont également responsables de cette maladie. En deux ou trois jours, la tige de la plante devient mince comme un fil et le petit plant tombe. Comment lutter contre la fonte des semis ? En appliquant 1 once de Captan dans un gallon d'eau.

LA TRANSPLANTATION

Pour obtenir les meilleurs résultats, il faut préparer le sol l'automne précédant la transplantation. Une fois par semaine, pendant un mois, bêchez la terre jusqu'à 4 pouces de profondeur. Bêchez à nouveau une semaine avant la transplantation en ayant soin d'ajouter 1 ou 2 pouces de mousse de tourbe et 1 pouce de sable non lavé. Ajoutez enfin un engrais complet comme le

Le décor est féerique. Dans quelques années, si vous avez un peu de talent et beaucoup de patience, ce sera peut-être ainsi chez vous ! *(Photo: Robert Lachance)*

4-12-8 (1 1/2 livre par 100 pieds carrés) et de 3 à 5 livres de chaux pour la même surface.

Après la transplantation, dès que les plants atteignent 3 ou 4 pouces de hauteur, pincez le bout de la tige au-dessus des dernières feuilles. Vos plants seront plus trapus et donneront plus de fleurs.

UNE CURE D'EMBELLISSEMENT POUR VOS PLANTES D'INTERIEUR

En été, la serre se vide. Les plants de légumes et de fleurs quittent les lieux dès que tout risque de gel est définitivement écarté.

Le moment est venu de ménager à vos plantes d'intérieur une cure d'embellissement. Voyons ensemble les mesures à prendre.

- Avant d'effectuer le déménagement des plantes de la maison à la serre, ayez soin de désinfecter (à l'eau de javel ou à l'Ajax liquide) les tables, les instruments de travail et les contenants ayant servi à la culture des légumes et des annuelles.
- Choisissez une journée chaude pour procéder au déménagement. Vos plantes, habituées à la chaleur de la maison, ne doivent pas prendre froid en traversant la cour pour se rendre à la serre.
- Une fois rendu, vérifiez bien ! Les pots sont peut-être porteurs d'insectes. Si tel est le cas, pulvérisez un insecticide sur tout le plant, y compris le dessous des feuilles.
- Profitez de l'occasion pour éliminer toutes les plantes dont la santé est vraiment trop chancelante. Taillez celles qui en ont besoin.
- Divisez-les en groupes, selon leurs besoins de lumière. Les cactus, amaryllis, géraniums et autres plan-

tes grasses seront nichés sur les tablettes les plus exposées au soleil. Réservez les endroits ombragés pour les azalées, les cactus de Noël et les cactus orchidées. Les philodendrons et les bégonias profiteront mieux dans un coin de la serre qui reste à l'ombre toute la journée (sur les tablettes les plus basses, derrière la chaufferette, etc.). Ils supportent mal les rayons directs du soleil. Les fougères et les palmiers poussent mieux à l'ombre. Notez que leur développement se poursuit du mois de mai au mois d'octobre. Durant cette période, ces plantes exigent beaucoup d'eau et une atmosphère humide qu'elles trouveront dans la serre mieux qu'à la maison.

— Si l'une ou l'autre de vos plantes séjourne au sol durant la saison estivale, enterrez le pot en ayant soin de laisser dépasser le rebord et faites-le reposer sur du gravier; cela favorisera l'écoulement de l'eau.

— N'oubliez surtout pas de faire pivoter les pots de temps en temps afin d'assurer une croissance uniforme. Assurez-vous que vos plantes ne sont pas exposées aux courants d'air durant leur séjour en serre, surtout pendant la nuit.

POUR FLEURIR A L'ANNEE LONGUE

Que votre mini-serre soit le prolongement en verdure et en fleurs de votre maison ou encore qu'elle soit votre potager hâtif et à l'abri des intempéries, rien ne vous empêche de l'égayer et de la colorer, quelle que soit la saison.

Au Québec plus qu'ailleurs, la culture des plantes vertes et des fleurs est devenue depuis quelques années une véritable passion. Les ouvrages pratiques expliquant l'art de les cultiver abondent. Aussi, je me contenterai ici de proposer un calendrier qui vous permettra d'utiliser votre serre au maximum durant toute l'année. Suivez-le, et vous serez en fleur douze mois par année.

Janvier

C'est le temps de semer les gloxinies et les pois de senteur.

Prenez dès maintenant les boutures de chrysanthèmes.

Février

Les amaryllis, cyclamens, narcisses et jonquilles sont en fleur.

Semez les coleus, les pensées et les plantes semi-annuelles qui iront en pleine terre. Taillez vos plantes grimpantes.

Mars

Les primevères sont en fleur.

Semez en pots vos chrysanthèmes : ils seront resplendissants jusqu'à l'automne.

Prenez maintenant les boutures de coleus, fuschias et marguerites.

Mettez en pots les plantes annuelles que vous avez conservées pendant l'hiver, les bégonias et les gloxinies.

Avril

Vos roses et vos tulipes sont en fleur.

Semez vos campanules et pyramydalis. Prélevez les boutures de gardénias.

Mettez vos chrysanthèmes dans des pots plus grands.

Mai

Ça y est : les bégonias, fuschias et hortensias sont en fleur. Vous êtes surtout accaparé par vos plants de légumes. Contentez-vous de transférer vos chrysanthèmes à floraison tardive dans leurs nouveaux pots. Ils y fleuriront. Semez donc vos géraniums.

Juin

Les bégonias, fuschias, gloxinies et autres sont toujours en fleur. Semez les primevères et les coleus pour la prochaine floraison printanière.

Juillet

Tout est en fleur. Les bégonias, en particulier, sont en beauté.

Prélevez les boutures sur les pélargoniums royaux et les hortensias.

Août

Encore un mois fleuri. Rien à faire si ce n'est d'admirer. Profitez-en pour semer les graines de cyclamens et de giroflées d'hiver qui fleuriront au printemps.

Prélevez les boutures de violettes africaines.

Septembre

Semez des pois de senteur : ils fleuriront dans la serre.

Mettez en pots et dans des boîtes les bulbes pour le forçage.

Prolongez la vie de quelques annuelles en les transplantant dans la serre.

Octobre

Les campanules, fuschias et pélargoniums, pour qui l'automne n'existe pas, continuent de fleurir dans la serre.

Novembre

Vos chrysanthèmes font de nouvelles fleurs.

Séchez maintenant et gardez les bégonias, gloxinies et hortensias.

Transportez dans la serre les racines de menthe pour le forçage.

Décembre

Les azalées, chrysanthèmes, cyclamens et hyacinthes sont en fleur.

Joyeuses fêtes.

7. Les ennemis à combattre dans votre serre

Pendant que la serre affronte des adversaires de taille comme la rafale, les inondations et les froids vifs, à l'intérieur, les plants font face, eux aussi, à des ennemis qui leur font la vie dure.

LA CHASSE AUX INSECTES

Les insectes, que l'on rencontre sous la forme d'oeufs, larves, chenilles, chrysalides ou puces, s'attaquent à l'âge adulte à toutes les parties de la plante : racines, tiges, feuilles, fleurs, fruits. Certains insectes, tels les pucerons, sont des suceurs. D'autres sont des broyeurs. D'autres enfin transportent des maladies.

On mène la lutte à tous ces insectes avec l'aide d'insecticides.

DES MALADIES SOUVENT FATALES

Parlons maintenant des maladies qui s'acharnent sur nos plants. Les maladies dites "parasitaires" sont causées par des champignons, bactéries, mycoplasmes, virus et nématodes. Elles apparaissent ici et là sur le plant sous forme de brûlures, moisissures, taches, pourritures et flétrissures.

Les autres maladies, dites "physiogéniques", sont causées par des conditions anormales : manque ou excès de certains éléments nutritifs, alcalinité ou acidité anormale du sol, trop d'eau, pas assez d'eau, température inadéquate de la serre. Les fongicides soignent la plupart des maladies diagnostiquées en serre.

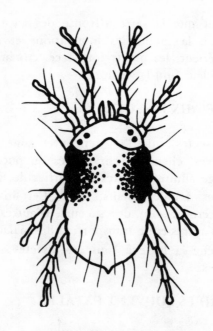

Le tétranyque à deux points ? Connais pas ! Mais si, mais si, regardez-le de près, vous avez déjà rencontré cet insecte sur vos plants de tomates ou de concombres. Et il reviendra !

LES MAUVAISES HERBES

Ce que nous appelons mauvaises herbes ne sont rien d'autre que des herbes qui ont eu la mauvaise idée de pousser là où elles n'avaient rien à faire. Elles nuisent à la croissance normale des plants en les privant de soleil et en leur volant une bonne partie de leur nourriture et de l'humidité dont ils ont tant besoin.

Les mauvaises herbes sont souvent le foyer de petits insectes fort nuisibles et de maladies parasitaires. Il faut donc les arracher.

On peut également les éliminer en stérilisant le sol ou en utilisant la technique du paillage, à la condition, bien sûr, que cette paille soit bien propre. Si vous avez recours au fumier comme engrais, assurez-vous qu'il est bien décomposé. Le fumier frais est une source importante de mauvaises herbes. *En serre, on n'utilise jamais d'herbicides.* Ni à l'intérieur ni dans le voisinage immédiat.

CE QUE TOUT SERRICULTEUR DEVRAIT SAVOIR

Les fongicides et les insecticides auront bien peu d'effets sur la santé de vos plants si vous ne suivez pas les règles élémentaires de lutte contre les ennemis de la serre. Voici donc les grands commandements à retenir afin d'éliminer tout risque de contamination due aux insectes et toute épidémie. Certaines opérations doivent être effectuées avant le début de la culture. Les autres jouent un rôle important durant la période de culture.

AVANT LE DEBUT DE LA CULTURE

— **La propreté dans la serre**
La serre doit être impeccable. Eliminez tout débris de culture et autres déchets végétaux. Sortez les plants malades de la serre. Brûlez-les ou enterrez-les dans le sol, loin de la serre.

— **L'entretien des abords de la serre**
Si la pelouse est trop longue ou si les mauvaises herbes poussent allègrement autour de la serre, vous vous attirez des ennuis : les insectes et les virus qui se logent à l'entrée de la serre bondiront à l'intérieur à la première occasion.

— **Le nettoyage de la structure**
Nettoyez à fond la structure de la serre avant chaque culture, afin d'éliminer tout débris de culture, insectes morts, oeufs, larves qui se seraient nichés sur les montants de la structure, sur les tablettes, derrière le ventilateur, etc.

— **La désinfection du sol, du terreau à semis, des instruments et des contenants**

A) **La désinfection du sol**
Idéalement, un sol doit être désinfecté après chaque récolte, quand les organismes actifs (insectes, microbes, virus) sont encore en action. Naturellement, une serre qui n'est pas recouverte durant l'hiver se nettoie par le gel et l'eau qui détruisent une partie des micro-organismes dommageables.
Il existe plusieurs méthodes de désinfection

du sol. Avant d'entreprendre cette opération, assurez-vous que le nettoyage et l'assainissement de la serre ont été effectués correctement.

Désinfectez au moins quatre semaines avant la transplantation. Il est préférable de le faire à l'automne, juste après la récolte, quand c'est possible. Employez l'un ou l'autre des produits mentionnés ci-après en suivant rigoureusement les indications du fabricant.

— Mylone soil Kare (Dazomet) sous forme gradulaire. Prévoir 1/3 de livre par verge cube. Son épandage se fait à sec.
— Dowfume MC-2, Pestmaster : 1/2 livre par verge cube.
— Désinfection à la vapeur : 82º C ou 180º F durant 30 minutes.

B)   La désinfection du terreau à semis
Cette opération est aussi importante que la désinfection du sol.
Employez : Mylone soil Kare, Dowfume MC-2, Arasan 75, Thiram 75, Captan 50-W, selon les indications du fabricant.

C)   La désinfection des instruments
Plongez vos instruments de travail (truelle, arrosoir, gants de jardin) dans un bassin contenant une partie d'eau de javel concentrée pour trois parties d'eau. On peut également stériliser avec de l'Ajax liquide non dilué ou du Kem-Germ à raison de 5 onces par gallon d'eau.

D) La stérilisation des contenants

Nettoyez les pots de plastique avec de l'eau de
javel : une partie d'eau de javel pour 10 parties d'eau. Frottez-les bien, puis laissez tremper dans une solution javelisante durant 30
minutes. Laissez égoutter puis rincez.

Les contenants de bois qui ont déjà servi peuvent être contaminés par des champignons qui
risquent de causer la fonte des semis. Ayez
une fois de plus recours à la formaline : 10
onces de formaline pour trois gallons d'eau.
Laissez tremper les contenants dans la solution. Laissez-les égoutter, empilez-les, puis
recouvrez-les d'une toile imperméable à l'eau
pendant 24 heures. Enlevez ensuite la toile
et tenez les contenants humides en les arrosant jusqu'à ce que toute odeur soit disparue
(4 à 6 jours). Utilisez un masque et des gants
de caoutchouc durant le trempage. On peut
utiliser les contenants dès que l'odeur a disparu.

— Après une grave épidémie

Si vous avez été victime d'une grave épidémie ou si
vous avez perdu la quasi-totalité de votre récolte,
il faut prendre les grands moyens pour qu'un tel
désastre ne se reproduise pas. Désinfectez votre
serre à la formaline : 10 onces de formaline pour
3 gallons d'eau. Pulvérisez à l'aide d'un injecteur
à pesticide. Fermez hermétiquement la serre durant au moins quatre ou cinq heures, puis venti-
lez. La formaline est un produit toxique. Prenez
soin de porter un masque et des vêtements qui
recouvrent tout le corps.

- Utilisez des semences saines ou désinfectez-les. (Voir au chapitre consacré aux semis comment procéder pour désinfecter les semences.)
- Surveillez la ventilation de la serre. De nombreuses maladies se développent quand l'humidité de la serre est trop élevée.
- Assurez-vous que le drainage est suffisant. Quand les plants souffrent d'un excédent d'eau, ils pourrissent.
- Arrosez toujours avec une eau dégourdie.
- Suivez religieusement le programme de fertilisation requis. Un plant bien nourri résiste davantage aux maladies.

L'EMPLOI DES PESTICIDES

Il existe une grande quantité de pesticides sur le marché. Quel que soit le produit employé, suivez rigoureusement les directives recommandées par le fabricant.

En serre, on emploie des insecticides et des fongicides. Mais jamais d'herbicides.

Voici la signification des chiffres et des abréviations qui suivent le nom des pesticides. Supposons que l'étiquette indique : 50-W. Le nombre indique le pourcentage de matière active. Ici, il y en a 50 pour 100. Et les lettres précisent la texture du pesticide :

D=	poudre
W=	poudre mouillable
E, EC=	concentré émulsifiable
G=	granulé
F=	pâte mouillable

Portez des gants de caoutchouc, de bons vêtements protecteurs et un masque, si le fabricant le recommande. Voilà en quels termes le ministère québécois de l'Agriculture exhorte les serriculteurs en herbe à la prudence dans l'usage des pesticides.

Après avoir appliqué un pesticide, il faut attendre quelques jours avant de manger les légumes qui poussent dans la serre. Il y a risque d'empoisonnement. Entreposez vos pesticides dans un endroit frais et sec où les produits liquides ne risquent pas de geler en hiver.

Immédiatement après chaque traitement, nettoyez parfaitement votre pulvérisateur. N'utilisez surtout pas dans la serre un pulvérisateur qui a servi à appliquer un herbicide dans le potager extérieur ou autour de la maison.

8. L'équipement de serre

J'imagine que la plupart des serriculteurs amateurs sont déjà passés maîtres dans l'art de cultiver les légumes au potager. Vous possédez peut-être déjà une bonne partie de l'équipement indispensable ou utile pour la culture en serre : bêcheuse rotative, outils de jardin, brouette.

La culture en serre nécessite certains instruments de précision et outils de travail qui n'ont pas leur raison d'être au potager. Les uns et les autres sont en vente dans les quincailleries d'importance, les centres horticoles, chez les grainetiers, et, enfin, chez les fabricants de serres.

Certains outils et instruments sont indispensables pour assurer la réussite de votre culture. D'autres, sans être absolument nécessaires, vous faciliteront le travail et l'agrémenteront. A vous de décider si vous en ferez l'acquisition.

L'ÉQUIPEMENT INDISPENSABLE

Thermomètre

Indispensable dans la serre, où l'on doit constamment contrôler la température. Le thermomètre courant, d'usage intérieur et extérieur, en aluminium ou plastique, à prix modique (environ $2), convient parfaitement. Pour vérifier la température du sol, il n'est pas nécessaire d'acheter un thermomètre spécialement conçu à cette fin. Prenez votre thermomètre d'utilisation courante et enfouissez-le en terre pendant quelques minutes. Retirez-le : vous avez alors la température du sol.

Plus sophistiqué, le thermomètre maximum-minimum enregistre la température la plus haute et la plus basse. Il coûte une quinzaine de dollars.

Le thermomètre du sol, en acier inoxydable, permet la vérification de la température du sol au moment de la stérilisation. Utile mais non indispensable. S'adresse aux serriculteurs professionnels. Modèle standard : $15. Modèle avec lecture à distance : $40.

Hygromètre
Permet le contrôle de l'humidité dans la serre. Excès d'humidité, on le sait, égale maladies, craquements, pourriture. Il coûte un peu moins de $20 (modèle à bulbe mouillé) et évite une foule d'ennuis.

Bêcheuse rotative
Appareil indispensable à tous ceux qui ont l'intention de cultiver en pleine terre dans la serre. La terre a besoin d'être retournée, aérée, bêchée, et tous les éléments qui la composent doivent être mélangés uniformément. C'est le rôle de la bêcheuse rotative. Vous y arriverez tout de même à la main, si votre serre est minuscule. Prix : à partir de $260.

Vaporisateur en plastique

L'injecteur à vaporiser les insecticides, fongicides et engrais liquides. Achetez-en un dont la capacité est de 2 gallons et plus. Il coûte environ $30.

Arroseuse perforée en plastique

Indispensable si vous cultivez en pleine terre dans votre serre. L'arroseuse vous coûtera $5 ou $6.

Achetez aussi un arrosoir et un boyau non perforé avec tête d'arrosage, adapté à vos besoins.

Contenants hermétiques

Pour remiser vos engrais, insecticides et fongicides. Ces contenants doivent fermer hermétiquement et être rangés dans un endroit frais.

Outils de jardin

Inutile de décrire les outils de jardin à manche court et truelles de tous genres. Vous les avez probablement déjà puisqu'ils sont également indispensables pour le potager extérieur.

Graines à souris

Eh oui, les mulots adorent se promener dans votre serre chaude à la fonte des neiges. Il faut absolument placer des graines à souris ici et là dans la serre. Ces petits rongeurs peuvent faire un carnage dans vos plants.

L'EQUIPEMENT UTILE

Pollinisateur à tomates

Qui fonctionne à batterie (6 volts pour lampe de poche). Prix : environ $40.

La pollinisation est très efficace si on l'effectue

avec un tuyau de corlon de 1/2 pouce de diamètre et d'environ 1 pied de long. Ça ne coûte à peu près rien.

Système d'alarme

Ce n'est pas indispensable. Il peut s'avérer utile en cas de panne d'électricité provoquant une chute rapide ou une hausse excessive de la température. Un bon système d'alarme de 6 pouces de diamètre, muni d'un mécanisme résistant à l'humidité et pouvant être ajusté pour le froid et pour la chaleur, coûte moins de $30.

Brouette

Elle sera particulièrement utile à ceux qui cultivent en caissettes des plants destinés au potager extérieur. Selon sa taille, la brouette coûte entre $20 et $60. Choisissez un modèle qui passera facilement par la porte de la serre.

Atelier portatif d'expériences
pour les analyses de sol

L'analyse de sols qu'effectuera pour vous le laboratoire du ministère de l'Agriculture sera complète et précise. Les résultats que vous obtiendrez avec l'atelier portatif vous donneront une bonne idée de la structure de votre sol mais ne vous apporteront pas la même précision. Cet équipement coûte de $11 à $66. La trousse mesurant l'acidité et le pH coûte $3.

Soufflerie

Pour réaliser une économie de chauffage, tous les spécialistes s'accordent pour suggérer la pose d'un polyéthylène double. La soufflerie permet d'obtenir la pression d'air désirée entre les deux films de plastique. Cette pression est contrôlée par l'entrée d'air du souffleur. Le souffleur est raccordé à un moteur électrique. Le prix varie selon la force de la soufflerie. On peut se procurer le compresseur et ses accessoires pour environ $100.

Tables de travail

La plupart des fabricants de serres vendent aussi des tables ou tablettes de travail à usages multiples. Construites pour s'adapter à la forme de la serre, elles permettent une économie d'espace mais elles coûtent assez cher. Vous pouvez construire vos tables à coût modique.

Châssis de jardin

Construits en aluminium léger, les nouveaux châssis de jardin sont en quelque sorte des serres naines facilement transportables. Elles correspondent aux anciennes couches chaudes.

Génératrice d'urgence

De plus en plus de gens achètent une génératrice d'urgence pour se dépanner quand l'électricité manque. Cette génératrice sera précieuse dans la serre. Il suffit de peu de temps pour que les plants gèlent dans une serre qui n'est pas chauffée. Une génératrice d'urgence d'environ 1 500 watts suffira à fournir l'énergie nécessaire à alimenter votre chaufferette. Elle coûtera autour de $500. Dans la plupart des quincailleries, vous trouverez la gamme complète de génératrices de différentes forces.

TABLE DE CONVERSION

LONGUEUR

pouce	= 2,54 cm	millimètre	= 0.039 po.
pied	= 0,3048 m	centimètre	= 0.394 po.
verge	= 0,914 m	décimètre	= 3.937 po.
mille	= 1,609 km	mètre	= 3.28 pi.
		kilomètre	= 0.621 mille

SURFACE

po. carré   =   6,452 cm^2 cm^2 = 0.155 po.^{2}
pi. carré   =   0,093 m^2 m^2 = 0.196 verge^2
v. carrée   =   0,836 m^2 km^2 = 0.386 mille^2
mille carré =   2,59 km^2 ha = 2.471 acres
acre   =   0,405 ha

VOLUME

pouce cube = 16,387 cm^3 cm^3 = 0.061 po.^{3}
pied cube   =   0,028 m^3 m^3 =31.338 pi.^{3}
verge cube =   0,765 m^3 hectolitre = 2.8 boiss.
boisseau   = 36,368 litres   m^3 = 1.308 verge^3
pi. planche =   0,0024 m^3

CAPACITE

on. liq. = 28,412 ml   litre   = 35.2 on. liq.
chopine =   0,568 litre   hectolitre = 26.418 gallons
gallon   =   4,546 litres

POIDS

once	= 28,349 g	gramme	= 0.035 once avdp
livre	= 453,592 g	kilogramme	= 2.205 livre avdp

Le travail de serre : ça se passe en famille.

Voilà, la boucle est bouclée.

Si j'ai réussi à vous communiquer le goût d'avoir une serre familiale bien à vous, allez-y. Choisissez-la selon vos besoins... et vos moyens. Ou bien construisez-la vous-même.

Adoptez un modèle à la fois beau et durable. Cette mini-serre enjolivera votre propriété à longueur d'année, et ce, tant à l'intérieur qu'à l'extérieur de la maison.

Votre petite serre deviendra vite la pièce de séjour où toute la famille aimera se retrouver. Chacun y trouvera son compte; même vos adolescents, qui détestent généralement les corvées familiales, se surprendront (et vous étonneront) à besogner dans la serre. Ils découvriront, comme vous, que les beautés de la nature sont souvent à portée de la main.

Et que dire de tous ces beaux légumes frais qui passeront chez vous, de la serre à la table, sans avoir subi les outrages chimiques et mécaniques du processus de distribution commerciale ?

Bien sûr, l'achat d'une serre domestique est une dépense qu'il faut peser. Mais, croyez-moi, l'investissement vaut son pesant d'or : en quelques années, vous récupérerez cette somme en légumes savoureux et en fleurs splendides. Sans parler du décor féerique qui sera désormais le vôtre.

Après tout, l'art de bien vivre commence chez soi !

Bibliographie

Colloque sur les serres maraîchères, textes des conférences données à Saint-Hyacinthe en octobre 1974. Publié par l'éditeur officiel du Québec.

Les structures de serre, caractéristiques des divers types de serre utilisés au Québec, par John Purdon, ingénieur agronome.

Que sera la serre de demain, par Thomas A. Lawand et autres, Institut de recherches Brace, Université McGill.

Les principes généraux de fertilisation des cultures en serre, par le docteur Gordon M. Ward, officier de recherches senior, ministère de l'Agriculture du Canada.

Milieux artificiels versus sols, par Jean-Luc Lussier, agronome, service des productions végétales, ministère de l'Agriculture du Québec.

La tomate de serre, par Philippe Martin, agronome, ministère de l'Agriculture du Québec, Jacques Rioux, agronome et René O. Lachance, agronome, Université Laval.

Le concombre de serre, par Hugues Leblanc et Pierre Thibodeau, agronomes, ministère de l'Agriculture du Québec.

La protection des tomates et concombres de serre (insectes), par Jeremy McNeil, entomologiste, Université Laval.

Peut-on utiliser nos serres douze mois par année ?, par Frédéric Trudel, agronome, ministère de l'Agriculture du Québec.

L'équipement de la serre maraîchère, par Rolland Harnois, président des Serres Harnois et des Jardins Lanaudière.

Solar Greenhouse, The Food And Heat Producing, par Rick Fisher et Bill Yanda, publié par John Muir Publications, New Mexico, 1976.

Adresse : P.O. Box 613, Santa Fe, New Mexico 87501.

Légumes de serre, feuillets du Conseil des productions végétales du Québec. Publications numéro 290, $\frac{290}{731}$, $\frac{290}{530}$, $\frac{291}{20}$, $\frac{293}{20}$, $\frac{294}{20}$ et $\frac{290}{605}$.

(S'adresser au ministère de l'Agriculture du Québec, 200 A, Chemin Sainte-Foy, Québec, G1R 4X6.)

La culture de tomates sans sol, par Philippe Martin, agronome, article publié dans le Journal de l'Association des producteurs de légumes de serre du Québec, janvier 1976.

Sol de serre et culture sur milieu artificiel, par Hassan Chiarra, ingénieur agricole, Institut de technologie agricole, Saint-Hyacinthe.

Les légumes, textes préparés sous la direction de L.E. Auxilia et P. Odone, Les Documentaires Alpha, série Guides pratiques, édité par Grange Patellière, Paris. Publié en 1970.

Construction d'une serre en plastique, par Gérard H. Gubbels, ministère de l'Agriculture du Canada, Information Canada, 1973, Ottawa.

Guide de protection du jardin domestique, par J.L.

Sauvageau, agronome entomologiste, ministère de l'Agriculture du Québec.

Manuel des jardiniers du Nord, par Frank S. Nowosad, Agriculture Canada, 1971.

Plastic Covered Greenhouses, par Raymond Sheldrake Jr., *Cornell Miscellaneous Bulletin 72*, New York State College of Agriculture.

How To Make A Solar Still (plastic covered), par A. Whillier et G.T. Ward, 1965, édition révisée en 1973, Institut de recherches Brace, Collège McDonald de l'Université McGill, Sainte-Anne-de-Bellevue. Québec, H0A 1C0.

How To Build A Solar Water Heater, par D.A. Sinson et T. Hoad, 1965, édition révisée en 1973, Institut de recherches Brace, Collège McDonald de l'Université McGill.

Storage Of Solar Energy - A Review, par J. Grace et Y.W. Li, Institut de recherches Brace, Collège McDonald de l'Université McGill, publié en 1973.

Sais-tu comment nourrir tes plantes ?, par Jean-Luc Lussier, agronome, conseiller en horticulture du ministère de l'Agriculture du Québec (texte tiré du rapport de la réunion générale de l'Association des producteurs de légumes de serre du Québec, en 1976).

Les productions maraîchères en serre du Québec (évolution, situation actuelle et tendances), par Marc J. Trudel, agronome, directeur du département de phytologie, faculté des Sciences de l'Agriculture et de l'Alimentation, Université Laval. Publié en octobre 1975.

Production de légumes hors-saison, avantages, inconvénients et prérequis, par Marc J. Trudel et Jean-Luc Lussier, agronomes, Université Laval.

PLANS DE CONSTRUCTION DE SERRES

Brace, serre solaire, Institut de recherches Brace, Collège McDonald, Université McGill, Sainte-Anne-de-Belle-vue, Québec H0A 1C0.

Petite serre familiale en polyéthylène, ministère de l'Agriculture, service de l'aménagement des fermes, construction rurale, Québec.

Construction d'une serre en plastique, division de l'information, ministère de l'Agriculture du Canada, Ottawa K1A 0C7.

LISTE DES FABRICANTS DE SERRES

Alouette, serre distribuée par Joseph Labonté, 560 Chemin Chambly, Longueuil, Québec, J4H 3L8 et W.H. Perron & cie Ltée, 515 Boulevard Labelle, Ville-de-Laval, H7V 2T3.

C.B.I. Inc., 21 Montcalm, Lévis, Québec, G6V 6N6 C.P. 55.

Crittall, serre distribuée par Joseph Labonté et fils, 560 Chemin Chambly, Longueuil, Québec, J4H 3L8.

Eden, C.P. 1024, Waterloo, Québec, JOE 2NO.

Filclair, 4153 rang Sainte-Rose, Lourdes-de-Joliette, JOK 1KO (Les Jardins paysagers de Joliette).

Harnois, Irrigation Saint-Thomas et Centre agricole Harnois, 80 rue des Erables, Saint-Thomas, comté de Joliette, Québec.

Indall Products Limited, 350 Clayson Road, Weston, Ontario, M9M 2L5.

Les Serres économiques, 4428 Wilson, Montréal, Québec, H4A 2V2.

Les Serres Solagro, 52 Victor-Léger, Valleyfield, Québec.

Lord & Burnham Co. Limited Greenhouses, 4422 Graham Drive, Pierrefonds, Sainte-Geneviève.

Luminair, fabriquée par Crittall et distribuée par Joseph Labonté, 560 Chemin Chambly, Longueuil, Québec, J4H 3L8.

Piedmont, distribuée par W.H. Perron & Cie Ltée, 515 Boulevard Labelle, Ville-de-Laval, H7V 2T3.

Plastiser Inc., 4171 rang Sainte-Rose, Lourdes-de-Joliette, Québec, JOK 1KO.

Serbri Inc., 2136 route 220, Saint-Elie d'Orford, Québec JOB 2S0.

Achevé d'imprimer sur les presses de

L'IMPRIMERIE ELECTRA*
*Division de l'A.D.P. Inc.

pour

LES ÉDITIONS DE L'HOMME*
*Division de Sogides Ltée

Imprimé au Canada/Printed in Canada

Ouvrages parus chez les Éditeurs du groupe Sogides

Ouvrages parus aux ÉDITIONS DE L'HOMME

ALIMENTATION — SANTÉ

ART CULINAIRE

101 omelettes, Marycette Claude
L'art d'apprêter les restes, Suzanne Lapointe
L'art de la cuisine chinoise, Stella Chan
La bonne table, Juliette Huot
La brasserie la mère Clavet vous présente ses recettes, Léo Godon
Canapés et amuse-gueule
Les cocktails de Jacques Normand, Jacques Normand
Les confitures, Misette Godard
Les conserves, Soeur Berthe
La cuisine aux herbes
La cusine chinoise, Lizette Gervais
La cuisine de maman Lapointe, Suzanne Lapointe
La cuisine de Pol Martin, Pol Martin
La cuisine des 4 saisons, Hélène Durand-LaRoche
La cuisine en plein air, Hélène Doucet Leduc
La cuisine micro-ondes, Jehane Benoit
Cuisiner avec le robot gourmand, Pol Martin
Du potager à la table, Paul Pouliot et Pol Martin
En cuisinant de 5 à 6, Juliette Huot
Fondue et barbecue
Fondues et flambées de maman Lapointe, S. et L. Lapointe
Les fruits, John Goode

La gastronomie au Québec, Abel Benquet
La grande cuisine au Pernod, Suzanne Lapointe
Les grillades
Hors-d'oeuvre, salades et buffets froids, Louis Dubois
Les légumes, John Goode
Liqueurs et philtres d'amour, Hélène Morasse
Ma cuisine maison, Jehane Benoit
Madame reçoit, Hélène Durand-LaRoche
La pâtisserie, Maurice-Marie Bellot
Poissons et crustacés
Poissons et fruits de mer, Soeur Berthe
Le poulet à toutes les sauces, Monique Thyraud de Vosjoli
Les recettes à la bière des grandes cuisines Molson, Marcel L. Beaulieu
Recettes au blender, Juliette Huot
Recettes de gibier, Suzanne Lapointe
Les recettes de Juliette, Juliette Huot
Les recettes de maman, Suzanne Lapointe
Les techniques culinaires, Soeur Berthe Sansregret
Vos vedettes et leurs recettes, Gisèle Dufour et Gérard Poirier
Y'a du soleil dans votre assiette, Francine Georget

DOCUMENTS — BIOGRAPHIES

Action Montréal, Serge Joyal
L'architecture traditionnelle au Québec, Yves Laframboise
L'art traditionnel au Québec, M. Lessard et H. Marquis
Artisanat québécois 1, Cyril Simard
Artisanat Québécois 2, Cyril Simard
Artisanat Québécois 3, Cyril Simard
Les bien-pensants, Pierre Berton
La chanson québécoise, Benoît L'Herbier
Charlebois, qui es-tu? Benoit L'Herbier
Le comité, M. et P. Thyraud de Vosjoli
Deux innocents en Chine rouge, Jacques Hébert et Pierre E. Trudeau
Duplessis, tome 1: L'ascension, Conrad Black

Les mammifères de mon pays, St-Denys, Duchesnay et Dumais
Margaret Trudeau, Felicity Cochrane
Masques et visages du spiritualisme contemporain, Julius Evola
Mon calvaire roumain, Michel Solomon
Les moulins à eau de la vallée du Saint-Laurent, F. Adam-Villeneuve et C. Felteau
Mozart raconté en 50 chefs-d'oeuvre, Paul Roussel
La musique au Québec, Willy Amtmann
Les objets familiers de nos ancêtres, Vermette, Genêt, Décarie-Audet
L'option, J.-P. Charbonneau et G. Paquette
Option Québec, René Lévesque

Duplessis, tome 2: Le pouvoir Conrad Black
La dynastie des Bronfman, Peter C. Newman
Les écoles de rasb au Québec, Jacques Dorion
Égalité ou indépendance, Daniel Johnson
Envol — Départ pour le début du monde, Daniel Kemp
Les épaves du Saint-Laurent, Jean Lafrance
L'ermite, T. Lobsang Rampa
Le fabuleux Onassis, Christian Cafarakis
La filière canadienne, Jean-Pierre Charbonneau
Le grand livre des antiquités, K. Bell et J. et E. Smith
Un homme et sa mission, Le Cardinal Léger en Afrique
Information voyage, Robert Viau et Jean Daunais
Les insolences du Frère Untel, Frère Untel
Lamia, P.L. Thyraud de Vosjoli
Magadan, Michel Solomon
La maison traditionnelle au Québec, Michel Lessard et Gilles Vilandré
La maîtresse, W. James, S. Jane Kedgley

Les papillons du Québec, B. Prévost et C. Veilleux
La petite barbe. J'ai vécu 40 ans dans le Grand Nord, André Steinmann
Pour entretenir la flamme, T. Lobsang Rampa
Prague l'été des tanks, Desgraupes, Dumayet, Stanké
Premiers sur la lune, Armstrong, Collins, Aldrin Jr
Provencher, le dernier des coureurs de bois, Paul Provencher
Le Québec des libertés, Parti Libéral du Québec
Révolte contre le monde moderne, Julius Evola
Le struma, Michel Solomon
Le temps des fêtes, Raymond Montpetit
Le terrorisme québécois, Dr Gustave Morf
La treizième chandelle, T. Lobsang Rampa
La troisième voie, Emile Colas
Les trois vies de Pearson, J.-M. Poliquin, J.R. Beal
Trudeau, le paradoxe, Anthony Westell
Vizzini, Sal Vizzini
Le vrai visage de Duplessis, Pierre Laporte

ENCYCLOPÉDIES

L'encyclopédie de la chasse, Bernard Leiffet
Encyclopédie de la maison québécoise, M. Lessard, H. Marquis
Encyclopédie des antiquités du Québec, M. Lessard, H. Marquis
Encyclopédie des oiseaux du Québec, W. Earl Godfrey

Encyclopédie du jardinier horticulteur, W.H. Perron
Encyclopédie du Québec, vol. I, Louis Landry
Encyclopédie du Québec, vol. II, Louis Landry

LANGUE

Améliorez votre français, Professeur Jacques Laurin
L'anglais par la méthode choc, Jean-Louis Morgan
Corrigeons nos anglicismes, Jacques Laurin

Notre français et ses pièges, Jacques Laurin
Petit dictionnaire du joual au français, Augustin Turenne
Les verbes, Jacques Laurin

LITTÉRATURE

22 222 milles à l'heure, Geneviève Gagnon
Aaron, Yves Thériault
Adieu Québec, André Bruneau
Agaguk, Yves Thériault
L'allocutaire, Gilbert Langlois
Les Berger, Marcel Cabay-Marin
Bigaouette, Raymond Lévesque
Le bois pourri, Andrée Maillet
Bousille et les justes (Pièce en 4 actes), Gratien Gélinas
Cap sur l'enfer, Ian Slater
Les carnivores, François Moreau
Carré Saint-Louis, Jean-Jules Richard
Les cent pas dans ma tête, Pierre Dudan
Centre-ville, Jean-Jules Richard
Chez les termites, Madeleine Ouellette-Michalska
Les commettants de Caridad, Yves Thériault
Cul-de-sac, Yves Thériault
D'un mur à l'autre, Paul-André Bibeau
Danka, Marcel Godin
La débarque, Raymond Plante
Les demi-civilisés, Jean-C. Harvey
Le dernier havre, Yves Thériault
Le domaine Cassaubon, Gilbert Langlois
Le dompteur d'ours, Yves Thériault
Le doux mal, Andrée Maillet
Échec au réseau meurtrier, Ronald White
L'emprise, Gaétan Brulotte
L'engrenage, Claudine Numainville
En hommage aux araignées, Esther Rochon
Et puis tout est silence, Claude Jasmin
Exodus U.K., Richard Rohmer
Exxoneration, Richard Rohmer
Faites de beaux rêves, Jacques Poulin
La fille laide, Yves Thériault
Fréquences interdites, Paul-André Bibeau
La fuite immobile, Gilles Archambault
J'parle tout seul quand Jean Narrache, Emile Coderre

Le jeu des saisons, M. Ouellette-Michalska
Joey et son 29e meurtre, Joey
Joey tue, Joey
Joey, tueur à gages, Joey
Lady Sylvana, Louise Morin
La marche des grands cocus, Roger Fournier
Moi ou la planète, Charles Montpetit
Le monde aime mieux..., Clémence Des-Rochers
Monsieur Isaac, G. Racette et N. de Bellefeuille
Mourir en automne, Claude DeCotret
N'tsuk, Yves Thériault
Neuf jours de haine, Jean-Jules Richard
New Medea, Monique Bosco
L'ossature, Robert Morency
L'outaragasipi, Claude Jasmin
La petite fleur du Vietnam, Clément Gaumont
Pièges, Jean-Jules Richard
Porte silence, Paul-André Bibeau
Porte sur l'enfer, Michel Vézina
Requiem pour un père, François Moreau
La scouine, Albert Laberge
Séparation, Richard Rohmer
Si tu savais..., Georges Dor
Les silences de la Croix-du-Sud, Daniel Pilon
Tayaout — fils d'Agaguk, Yves Thériault
Les temps du carcajou, Yves Thériault
Tête blanche, Marie-Claire Blais
Tit-Coq, Gratien Gélinas
Les tours de Babylone, Maurice Gagnon
Le trou, Sylvain Chapdelaine
Ultimatum, Richard Rohmer
Un simple soldat, Marcel Dubé
Valérie, Yves Thériault
Les vendeurs du temple, Yves Thériault
Les visages de l'enfance, Dominique Blondeau
La vogue, Pierre Jeancard

LIVRES PRATIQUES — LOISIRS

8/super 8/16, André Lafrance
L'ABC du marketing, André Dahamni

Initiation au système métrique, Louis Stanké

PLANTES — JARDINAGE

PSYCHOLOGIE — ÉDUCATION

Le développement psychomoteur du bébé, Didier Calvet
Développez votre personnalité, vous réussirez, Sylvain Brind'Amour
Les douze premiers mois de mon enfant, Frank Caplan
Dynamique des groupes, J.-M. Aubry, Y. Saint-Arnaud
Être soi-même, Dorothy Corkille Briggs
Le facteur chance, Max Gunther
La femme après 30 ans, Nicole Germain

Vaincre ses peurs, Lucien Auger
La volonté, l'attention, la mémoire, Robert Tocquet
Vos mains, miroir de la personnalité, Pascale Maby
Vouloir c'est pouvoir, Raymond Hull
Yoga, corps et pensée, Bruno Leclercq
Le yoga des sphères, Bruno Leclercq
Le yoga, santé totale, Guy Lescouflair

SEXOLOGIE

L'adolescent veut savoir, Dr Lionel Gendron
L'adolescente veut savoir, Dr Lionel Gendron
L'amour après 50 ans, Dr Lionel Gendron
La contraception, Dr Lionel Gendron
Les déviations sexuelles, Dr Yvan Léger
La femme enceinte et la sexualité, Elisabeth Bing, Libby Colman
La femme et le sexe, Dr Lionel Gendron
Helga, Eric F. Bender
L'homme et l'art érotique, Dr Lionel Gendron
Les maladies transmises par relations sexuelles, Dr Lionel Gendron

La mariée veut savoir, Dr Lionel Gendron
La ménopause, Dr Lionel Gendron
La merveilleuse histoire de la naissance, Dr Lionel Gendron
Qu'est-ce qu'un homme?, Dr Lionel Gendron
Qu'est-ce qu'une femme?, Dr Lionel Gendron
Quel est votre quotient psycho-sexuel?, Dr Lionel Gendron
La sexualité, Dr Lionel Gendron
La sexualité du jeune adolescent, Dr Lionel Gendron
Le sexe au féminin, Carmen Kerr
Yoga sexe, S. Piuze et Dr L. Gendron

SPORTS

L'ABC du hockey, Howie Meeker
Aïkido — au-delà de l'agressivité, M. N.D. Villadorata et P. Grisard
Les armes de chasse, Charles Petit-Martinon
La bicyclette, Jeffrey Blish
Les Canadiens, nos glorieux champions, D. Brodeur et Y. Pedneault
Canoé-kayak, Wolf Ruck
Carte et boussole, Bjorn Kjellstrom
Comment se sortir du trou au golf, L. Brien et J. Barrette
Le conditionnement physique, Chevalier, Laferrière et Bergeron
Devant le filet, Jacques Plante
En forme après 50 ans, Trude Sekely

Nadia, Denis Brodeur et Benoît Aubin
La natation de compétition, Régent LaCoursière
La navigation de plaisance au Québec, R. Desjardins et A. Ledoux
Mes observations sur les insectes, Paul Provencher
Mes observations sur les mammifères, Paul Provencher
Mes observations sur les oiseaux, Paul Provencher
Mes observations sur les poissons, Paul Provencher
La pêche à la mouche, Serge Marleau
La pêche au Québec, Michel Chamberland

Imprimé au Canada
Printed in Canada